Sehr geehrte Leserin, sehr geehrter Leser,

wir freuen uns, dass Sie diese Broschüre lesen.

Auf den folgenden Seiten wird erklärt, welche Rechte und Ansprüche Sie auf Grundsicherung haben, wenn Sie älter oder voll erwerbsgemindert sind.

Immer mehr Menschen sind im Alter und bei voller Erwerbsminderung auf Grundsicherung angewiesen. Im Jahr 2003 bekamen rund 440.000 Empfängerinnen und Empfänger Leistungen der Grundsicherung. Innerhalb von zwölf Jahren hat sich diese Zahl mehr als verdoppelt auf rund 1 Mio. Menschen im März 2015. Dabei sind die Empfängerinnen und Empfänger jeweils etwa zur Hälfte ältere Menschen und voll erwerbsgeminderte Menschen zwischen 18 und 65 Jahren.

Wir erwarten, dass in den nächsten Jahren vor allem der Anteil und die Zahl älterer Menschen weiter zunehmen wird, die Grundsicherung brauchen. Das sind die Folgen von prekären Arbeitsverhältnissen, von Lebenszeiten, in denen keine oder zu niedrige Beiträge in die Rentenversicherung eingezahlt werden können und die Folgen von Kürzungen im System der gesetzlichen Rentenversicherung. Der Paritätische hat sich in der Vergangenheit oft kritisch gegen diese Kürzungsmaßnahmen gewandt.

Für uns ist es wichtig, dass die Bürgerinnen und Bürger unseres Landes über ihre sozialen Rechte informiert sind. Dem soll auch diese Broschüre dienen. Nur wenn Sie Ihre Rechte kennen, können Sie rechtzeitig die richtigen Anträge stellen. Und Sie können selbstbewusst mit dem Sozialamt oder anderen Ämtern umgehen und sich gegen falsche Entscheidungen wehren.

Viele Regelungen zur Grundsicherung sind weitgehend gleich, ganz unabhängig davon, ob Grundsicherung wegen Arbeitslosigkeit von den Jobcentern ausgezahlt wird oder ob Grundsicherung wegen Alter und voller Erwerbsminderung vom Sozialamt geleistet wird. Mehrere Textteile – etwa zu den Kosten der Unterkunft – finden sich daher in ganz ähnlicher Form auch in der Broschüre „Arbeitslosengeld 2 für Geringverdiener und Erwerbslose". Sie wurde auch von uns geschrieben und erscheint ebenfalls im Verlag C.H. Beck.

Alle Zahlen, Berechnungsbeispiele usw. beziehen sich auf den Stand ab 1. Januar 2016.

Wir hoffen, dass Sie in dieser Broschüre Unterstützung in Ihren persönlichen Fragen zur Grundsicherung finden.

Berlin im Januar 2016

Prof. Dr. Rolf Rosenbrock
Vorsitzender des
Paritätischen
Gesamtverband

Gerd Wenzel
Vorsitzender des
Paritätischen
Bremen

Inhaltsverzeichnis

Kapitel 1: Unter welchen Voraussetzungen kann ich Grundsicherung erhalten?

Rechtsgrundlage: §§ 41 ff. SGB 12

Alle Menschen, die in Deutschland leben, haben einen Anspruch auf eine materielle Mindestsicherung, wenn sie die Kosten für ihren Lebensunterhalt nicht aus eigenem Einkommen oder Vermögen bestreiten können. Als Lebensunterhalt bezeichnet man alles das, was Sie zum Leben brauchen, Essen und Trinken, Wohnung und Heizung aber auch Bekleidung, Hausrat und alle anderen Dinge des täglichen Lebens.

In zwei Fällen heißt diese Mindestsicherung „Grundsicherung". Wer in der Lage ist zu arbeiten, bekommt für sich und seine Familie die Grundsicherung für Arbeitsuchende, die häufig Hartz IV genannt wird. Ältere Menschen im Rentenalter und Menschen, die nicht arbeiten können, etwa weil sie behindert sind, haben einen Anspruch auf Grundsicherung im Alter und bei dauerhafter voller Erwerbsminderung. Wenn Sie diese Grundsicherung bekommen, müssen Ihre Angehörigen keinen Unterhalt zahlen (siehe Kapitel 7). Daneben gibt es in ganz seltenen Fällen noch die Hilfe zum Lebensunterhalt nach dem Sozialgesetzbuch 12. Kriegsopfer, Opfer von Gewalttaten und andere Opfer bekommen Leistungen nach dem Bundesversorgungsgesetz. Und für Asylbewerber gibt es Leistungen nach dem Asylbewerberleistungsgesetz.

In dieser Broschüre geht es ausschließlich um die Grundsicherung im Alter und bei dauerhafter voller Erwerbsminderung.

Sie können diese Grundsicherung erhalten – auch wenn Sie nicht Deutscher sind – wenn dies für sie zutrifft:

1. Sie sind bedürftig, d.h. Ihr Geld reicht nicht für das tägliche Leben – **und:**
2. Sie leben die meiste Zeit in Deutschland – **und entweder:**
3. Sie sind mindestens 65 – 67 Jahre alt (Genaueres siehe unten) – **oder:**
4. Sie sind dauerhaft voll erwerbsgemindert, das heißt: Sie können auf Dauer nur sehr wenig oder gar nicht arbeiten **und**
5. die Rentenversicherung stellt Ihre volle Erwerbsminderung fest.

In diesen Fällen bekommen Sie **keine Grundsicherung**:

6. Sie haben selbst dazu beigetragen, dass Sie bedürftig geworden sind – entweder mit Absicht (vorsätzlich) oder weil Sie nicht genug auf Ihr Geld geachtet haben (grob fahrlässig).
7. Sie sind Asylbewerber und haben Anspruch auf Leistungen nach dem Asylbewerberleistungsgesetz.

1. Wann gelte ich als bedürftig?

Rechtsgrundlage: § 43 SGB 12

Grundsicherung bekommen Sie nur, wenn Sie bedürftig sind. Das sind Sie, wenn Sie von Ihrem Einkommen und Vermögen nicht leben können.

Festgestellt wird das in mehreren Schritten. Zuerst wird berechnet, wie viel Geld Sie zum Leben brauchen – Ihr Bedarf (siehe Kapitel 3). Dann wird geprüft, wie viel Geld Sie haben – Ihr Einkommen (siehe Kapitel 5) und Vermögen (siehe Kapitel 6). Im dritten Schritt wird beides miteinander verglichen. Sehen Sie dafür ein Beispiel:

BEISPIEL

Frau Martha Berger lebt in Bremen. Sie ist 70 Jahre alt, verwitwet und wohnt allein in ihrer Wohnung. Sie bekommt eine Witwenrente und eine eigene kleine Altersrente. Sie konnte in ihrem Leben nichts ansparen, sie hat also kein Vermögen.

Soviel braucht Frau Berger – ihr **Bedarf**:

Regelbedarf (fester Betrag)	404 €
Kaltmiete	300 €
Heizkosten und Nebenkosten	50 €
Gesamter **Bedarf**	**754 €**

Soviel hat Frau Berger im Monat – ihr **Einkommen**:

Witwenrente	500 €
Eigene Altersrente	154 €
Gesamtes **Einkommen**	**654 €**

Bedarf	754 €
Einkommen	– 654 €
Soviel bekommt Frau Berger als Grundsicherung	**100 €**

2. Muss ich die ganze Zeit in Deutschland sein?

Rechtsgrundlage: § 41 Absatz 1 SGB 12, § 30 Absatz 3 SGB 1

Im Prinzip ja. Sie können Grundsicherung nur bekommen, wenn Sie hier wohnen und leben. Das Amt sagt dazu: Sie haben Ihren gewöhnlichen Aufenthalt in Deutschland. Natürlich dürfen Sie ins Ausland fahren, um Verwandte zu besuchen oder für einen Urlaub.

Sie haben Ihren gewöhnlichen Aufenthalt **nicht** mehr hier,

- wenn Sie länger als sechs Monate im Ausland bleiben und
- wenn niemand weiß, wann Sie wieder nach Deutschland kommen.

In diesem Fall bekommen Sie keine Grundsicherung – auch nicht, wenn Sie hier noch eine Wohnung haben.

3. Grundsicherung im Alter – ab wann?

Rechtsgrundlage: § 41 Absatz 2 SGB 12

Das hängt davon ab, in welchem Jahr Sie geboren sind und ab wann Sie Altersrente bekommen. Je später Sie geboren sind, desto älter müssen Sie werden, bevor Sie Ihre gesetzliche Altersrente erhalten können. Diese Altersgrenze steigt schrittweise von 65 Jahren auf 67 Jahre.

Geburtsjahr	Altersgrenze für die Altersrente
1950	65 Jahre und 4 Monate
1951	65 Jahre und 5 Monate
1952	65 Jahre und 6 Monate
1953	65 Jahre und 7 Monate
1954	65 Jahre und 8 Monate
1955	65 Jahre und 9 Monate
1956	65 Jahre und 10 Monate
1957	65 Jahre und 11 Monate
1958	66 Jahre

Geburtsjahr	Altersgrenze für die Altersrente
1959	66 Jahre und 2 Monate
1960	66 Jahre und 4 Monate
1961	66 Jahre und 6 Monate
1962	66 Jahre und 8 Monate
1963	66 Jahre und 10 Monate
1964 oder später	67 Jahre

Grundsicherung können Sie ab dem Monat erhalten, in dem Sie Ihre Altersgrenze erreicht haben. Wenn Sie im Februar 1951 geboren sind, können Sie Grundsicherung ab dem 1. Juli 2016 erhalten.

ACHTUNG: Altersrente bekommen Sie in diesem Fall aber erst ab dem 1. August 2016. In der Rentenversicherung wird der Monat, in dem Sie Geburtstag haben, anders gezählt als in der Grundsicherung. Im ersten Monat Ihres Bezuges von Grundsicherung darf deshalb noch keine Altersrente als Einkommen angerechnet werden.

4. Was heißt dauerhafte volle Erwerbsminderung?

Rechtsgrundlage: § 41 Absatz 3 SGB 12

Grundsicherung gibt es auch für kranke und behinderte Menschen, die auf Dauer nicht arbeiten können. Sie heißt Grundsicherung bei **dauerhafter voller Erwerbsminderung** und es gibt sie nur für Erwachsene (Volljährige) – frühestens ab dem 18. Geburtstag. Für minderjährige Kinder gibt es keine eigenständige Grundsicherung. Sie können aber Ansprüche auf Sozialgeld haben, wenn ihre Eltern Grundsicherung für Arbeitsuchende nach dem Sozialgesetzbuch 2 erhalten.

Dauerhaft heißt: Sie können wegen Ihrer Erkrankung oder Behinderung mindestens 6 Monate lang nicht arbeiten – und werden sehr wahrscheinlich auch weiterhin nicht arbeiten können oder nur sehr wenig. Ihre Chancen auf dem Arbeitsmarkt spielen bei dieser Einschätzung keine Rolle.

Volle Erwerbsminderung heißt: Sie sind so krank oder behindert, dass Sie nur weniger als drei Stunden am Tag oder gar nicht normal arbeiten können.

Sie bekommen bereits eine Rente wegen voller Erwerbsminderung? Dann gilt:

Wenn Ihre **Rente unbefristet** ist, brauchen Sie dem Amt nur den Bescheid der Rentenversicherung zu zeigen. Eine Überprüfung durch einen Arzt ist dann nicht nötig. Zahlt Ihnen die Rentenversicherung eine **befristete Rente**, dann prüft das Sozialamt, ob Sie in der Zukunft wahrscheinlich wieder mehr arbeiten können. Ist damit zu rechnen, haben Sie keinen Anspruch auf Grundsicherung.

In der Regel wird eine Rente wegen voller Erwerbsminderung zunächst befristet für 3 Jahre bewilligt. Eine solche befristete Rente kann zweimal wiederholt werden. So kann es sein, dass Sie 3 x 3 Jahre eine befristete Rente bekommen. Erst nach diesen 9 Jahren muss die Rentenversicherung eine unbefristete Rente bewilligen. In dieser ganzen Zeit ist meist unklar, ob Sie dauerhaft erwerbsgemindert bleiben. So ist es möglich, dass Sie während dieser 9 Jahre keine Grundsicherung bekommen können. In diesem Fall sollten Sie Hilfe zum Lebensunterhalt beim Sozialamt beantragen.

Voll erwerbsgemindert sind in der Regel auch alle behinderten Menschen, die in einer anerkannten **Werkstatt für behinderte Menschen** oder Blindenwerkstatt beschäftigt sind – denn sie können meist nicht auf dem allgemeinen Arbeitsmarkt arbeiten. Dasselbe gilt für behinderte Menschen, die ähnliche Arbeiten in anderen Einrichtungen oder Heimen verrichten – oder die überhaupt nicht arbeiten können. Anders ist es, wenn Sie in einer Werkstatt für behinderte Menschen im Eingangsverfahren oder im Berufsbildungsbereich sind (siehe Kasten). Für diese Zeit gelten Sie nicht automatisch als dauerhaft voll erwerbsgemindert.

ACHTUNG: In einer Ausbildung sollen Sie alles Nötige lernen, damit Sie später in einem Beruf arbeiten können. Deshalb gelten Sie für das Sozialamt als **nicht dauerhaft voll erwerbsgemindert,** wenn Sie in einer **Schul- oder Berufsausbildung** sind. Dazu zählt auch der Berufsbildungsbereich einer Werkstatt für behinderte Menschen.

Sie sind sicher, dass Sie auch nach Ihrer Ausbildung nur weniger als 3 Stunden am Tag arbeiten können? Dann sollten Sie dennoch einen Antrag auf Grundsicherung stellen. Nennen Sie darin Gründe, weshalb Sie auch nach der Ausbildung dauerhaft voll erwerbsgemindert sein werden. Mögliche Gründe sind:

- Sie sind geschäftsunfähig und werden betreut.
- Sie erhalten Leistungen der Pflegeversicherung.
- Sie haben mindestens einmal ein Schulpraktikum gemacht. Dabei ist klargeworden, dass der allgemeine Arbeitsmarkt für Sie nicht das Richtige ist.

Wichtig ist, was am Ende die Rentenversicherung feststellt: Gelten Sie doch als erwerbsfähig (siehe Abschnitt 5), dann haben Sie einen Anspruch auf Grundsicherung für Arbeitsuchende nach dem Sozialgesetzbuch 2.

5. Wie wird die dauerhafte volle Erwerbsminderung festgestellt?

Rechtsgrundlage: § 45 SGB 12

Das Sozialamt prüft zuerst, ob Sie **bedürftig** sind (siehe Abschnitt 1). Wenn es wahrscheinlich ist, dass Sie Grundsicherung bekommen, wendet sich das Sozialamt an Ihre Rentenversicherung. Die Versicherung soll dann feststellen, ob Sie dauerhaft voll erwerbsgemindert sind. Dafür schreibt ein **Arzt oder eine Ärztin der Rentenversicherung** ein **Gutachten** über Sie. Das Sozialamt muss sich an die Entscheidung der Rentenversicherung halten.

Wenn Sie bereits eine unbefristete Rente wegen voller Erwerbsminderung bekommen, haben Sie all dies schon hinter sich. Es muss dann kein weiteres Gutachten über Sie geschrieben werden. Das gilt auch für behinderte Menschen, die in einer Werkstatt oder ähnlichen Einrichtung beschäftigt sind.

6. Wann habe ich keinen Anspruch auf Grundsicherung?

Rechtsgrundlage: § 41 Absatz 4 SGB 12

Sie bekommen keine Grundsicherung, wenn Sie Ihre Bedürftigkeit selbst herbeigeführt haben – vorsätzlich oder grob fahrlässig. Anders gesagt, wenn Sie nicht gut mit Ihrem Geld umgegangen sind. Dies gilt für die letzten 10 Jahre vor Ihrem Antrag auf Grundsicherung.

Beispiele dafür sind: Sie haben Ihr Geld oder Ihr Vermögen einfach Ihren Kindern geschenkt und haben jetzt selbst nicht mehr genug zum Leben. Oder: Sie haben in den letzten zehn Jahren viel zu viel Geld ausgegeben und haben deshalb heute nichts mehr.

Von Erwachsenen wird erwartet, dass sie rechtzeitig genug Geld für das Leben im Alter zurücklegen. Manche tun das nicht, obwohl sie genau wissen, dass ihnen das Geld später fehlt – sie handeln **vorsätzlich**. Wenn sie sich gar keine Gedanken darum machen und zu viel Geld ausgeben, handeln sie **grob fahrlässig** – denn sie müssten eigentlich wissen, welche Folgen das im Alter hat.

Aus diesen Gründen kann das Sozialamt entscheiden, dass kein Anspruch auf Grundsicherung besteht. In diesem Fall haben Sie aber einen **Anspruch auf Hilfe zum Lebensunterhalt**, auch Sozialhilfe genannt. Sie wird genauso berechnet wie die Grundsicherung. Allerdings müssen Ihre Kinder für Sie Unterhalt bezahlen, wenn Sie Sozialhilfe bekommen – anders als bei der Grundsicherung (siehe Kapitel 7).

Anders ist es, wenn Sie Geld verloren haben und das nicht vorher wissen konnten. Wenn Sie etwa Geld verliehen und es nicht zurückbekommen haben – oder weil Sie durch eine Finanzkrise etwas von Ihrem Vermögen verloren haben. Dann waren Sie vielleicht leichtsinnig – dennoch haben Sie weiterhin Anspruch auf Grundsicherung.

7. Asylbewerber haben keinen Anspruch auf Grundsicherung

Rechtsgrundlage: § 23 SGB 12

Ausländer, die sich rechtmäßig in Deutschland aufhalten, **haben auch einen Anspruch auf Grundsicherung** im Alter und bei dauerhafter voller Erwerbsminderung. Das gilt jedoch nicht für Asylbewerber, die Leistungen nach dem Asylbewerberleistungsgesetz bekommen.

Kapitel 2: Was muss ich tun, um Grundsicherung zu erhalten?

1. Grundsicherung nur mit Antrag

Rechtsgrundlage: § 44 SGB 12

Um Grundsicherung zu erhalten, müssen Sie einen Antrag stellen – am besten schriftlich. Dazu genügt ein formloser Brief. Sie können den Antrag auch mündlich stellen, direkt beim Sozialamt oder Ihrer Rentenversicherung. Wahrscheinlich erhalten Sie dort ein Antragsformular – das füllen Sie aus und unterschreiben es. Wenn Sie das Formular nicht allein ausfüllen können, lassen Sie sich helfen – von einem Mitarbeiter im Sozialamt oder bei der Rentenversicherung.

Wenn Sie mit jemand zusammen leben, etwa als Ehepaar, bilden Sie eine Einsatzgemeinschaft (siehe Kapitel 8). Sie müssen dann beide den Antrag unterschreiben. Das Sozialamt prüft, ob jeder von Ihnen einen Anspruch auf Grundsicherung hat.

ACHTUNG: Sie bekommen die Grundsicherung ab dem Monat, in dem Sie den Antrag gestellt haben – und zwar für den ganzen Monat. Wenn Sie also am 28. März den Antrag stellen, bekommen Sie das Geld rückwirkend ab dem 1. März.

Grundsicherung wird meistens für ein Jahr bewilligt. Wenn das abgelaufen ist, sollten Sie einen **Folgeantrag** stellen. Darauf muss das Sozialamt Sie hinweisen. Wenn es das nicht tut, muss das Sozialamt auch ohne einen Folgeantrag entscheiden, ob Sie weiterhin Grundsicherung bekommen und wie viel. Wir raten Ihnen, in jedem Fall rechtzeitig einen Folgeantrag zu stellen – auch ohne Aufforderung.

Beachten Sie, dass Sie für bestimmte Leistungen zusätzliche Anträge stellen müssen:

- Für Mehrbedarfe (siehe Kapitel 3, Abschnitt 2)
- Für einmalige Bedarfe (siehe Kapitel 3, Abschnitt 6)
- Für Versicherungsbeiträge (siehe Kapitel 3, Abschnitt 3)
- Für Vorsorgeaufwand (siehe Kapitel 3, Abschnitt 4)
- Für Leistungen für den Schulbesuch (siehe Kapitel 3, Abschnitt 5)
- Für ergänzende Darlehen (siehe Kapitel 3, Abschnitt 7)

2. Wo kann ich den Antrag stellen?

Fast überall kümmert sich das **örtliche Sozialamt** um die Grundsicherung im Alter und bei voller Erwerbsminderung. Bei Ihrer Gemeindeverwaltung erfahren Sie, welches Sozialamt für Sie zuständig ist – das hängt davon ab, wo Sie wohnen.

Sie können den Antrag auch bei Ihrer **Rentenversicherung** stellen. Die Rentenversicherung leitet Ihren Antrag an Ihr Sozialamt weiter.

Wenn Ihre Rente unter 789 € monatlich liegt, schickt Ihre Rentenversicherung Ihnen automatisch ein Antragsformular – zusammen mit dem Rentenbescheid.

3. Welche Unterlagen sollte ich mitbringen?

Im Sozialamt ist ein bestimmter Mitarbeiter für Sie zuständig. Vereinbaren Sie mit ihm einen Termin. Bringen Sie zum ersten Gespräch folgende Unterlagen mit.

Damit Sie sich **ausweisen** können:

- Ihren Pass oder Personalausweis

Zu den **Kosten für das Wohnen** (Kosten der Unterkunft, siehe Kapitel 4):

- Mietvertrag oder Unterlagen über Ihre eigene Wohnung oder Ihr eigenes Haus
- Belege über die letzte Mieterhöhung
- Meldebescheinigung
- Nebenkosten-Abrechnung
- Heizkosten-Abrechnung
- Abrechnung über Wasser und Gas, von Ihrem Energieversorger

Nachweise über **Mehrbedarf** (siehe Kapitel 3 Abschnitt 2):

- Mutterpass, wenn Sie schwanger sind
- Ärztliche Bescheinigung, wenn Sie besonders teure Lebensmittel brauchen
- Schwerbehinderten-Ausweis

Nachweise zur **Renten- und Krankenversicherung** (Sozialversicherung)

- Sozialversicherungsausweis

- Rentenversicherungsnummer
- Krankenversicherungskarte oder
- Mitgliedsbescheinigung Ihrer Krankenkasse

Nachweise über Ihr **Einkommen** (siehe Kapitel 5)

- Rentenbescheid, vor allem wenn Sie bereits eine Rente wegen voller Erwerbsminderung bekommen
- Bescheid über betriebliche Altersversorgung
- Riesterrente
- Bescheid über Wohngeld
- Scheidungsurteil und Unterhaltsvereinbarung
- Bescheid über Kindergeld, Unterhaltstitel
- Nachweise über Einkommen aus eigener Arbeit in den letzten 6 Monaten

Nachweise über **selbstständige Arbeit**

- Gewinn- und Verlustrechnung
- Letzter Bescheid über Ihre Einkommensteuer

Nachweise über **Vermögen** (siehe Kapitel 6)

- Kontoauszüge der letzten 3 Monate
- Nachweise über Ersparnisse, Sparbuch, Wertpapiere, Lebensversicherung, Bausparverträge
- Wenn Sie ein Haus oder Grundstück besitzen: Kaufvertrag und Grundbuchauszug
- Kfz-Brief oder Kfz-Schein

Sonstige Unterlagen

- Versicherungsverträge über Haftpflichtversicherung, Hausratversicherung
- Falls Sie pflegebedürftig sind: Bescheid Ihrer Pflegeversicherung

Antragsformular auf Grundsicherung

- Wenn Sie es schon haben, füllen Sie es soweit wie möglich aus.

4. Bescheid vom Sozialamt

Der Mitarbeiter des Sozialamtes prüft Ihre Unterlagen. Er berechnet, was Ihnen insgesamt an Grundsicherung zusteht (Ihr Bedarf), wie viel eigenes Geld (Einkommen, Vermögen) von Ihnen angerechnet wird und wie viel Sie in Zukunft vom Sozialamt bekommen. All dies steht in dem **Bescheid**, den Sie vom Sozialamt bekommen. Wenn Sie mit dem Bescheid nicht einverstanden sind, können Sie sich dagegen wehren und Widerspruch einlegen (siehe Kapitel 12).

Die Grundsicherung wird normalerweise **für ein Jahr bewilligt**. Sie müssen das Sozialamt informieren, wenn sich in dieser Zeit bei Ihnen etwas **Wesentliches ändert**. Wesentlich ist etwa, wenn Sie etwas erben, wenn Ihr Ehepartner oder Lebenspartner stirbt oder wenn Sie in eine billigere Wohnung umziehen. Das Sozialamt berechnet dann neu, was Ihnen in Zukunft an Grundsicherung zusteht.

Auch wenn Sie plötzlich **mehr Kosten** haben, sollten Sie das Sozialamt informieren. Gründe können sein: Ihre Miete ist gestiegen, Ihre Krankenkasse verlangt einen Zusatzbeitrag oder Sie müssen mehr an Ihren Energieversorger zahlen. Bringen Sie Unterlagen darüber mit zum Sozialamt und stellen Sie einen Antrag. Es ist möglich, dass das Sozialamt dann Ihre Grundsicherung erhöht – ab dem Monat, in dem Sie den Antrag gestellt haben.

Kapitel 3: Wie viel Geld können meine Familie und ich bekommen?

Rechtsgrundlage: § 42 SGB 12

Die Grundsicherung besteht aus mehreren Teilen. Dies sind zunächst **laufende Leistungen**. Zu ihnen gehören:

1. Regelbedarf
2. Mehrbedarf
3. Beiträge zur Kranken- und Pflegeversicherung
4. Beiträge für die Rentenversicherung oder ähnliche Einrichtungen und zum Sterbegeld
5. Kosten für das Wohnen (siehe Kapitel 4)
6. Leistungen für den Schulbesuch

Neben den laufenden Leistungen gibt es in besonderen Situationen:

7. Einmalige Leistungen

Normalerweise muss von der ausgezahlten Grundsicherung nichts zurückgezahlt werden. In bestimmten Fällen gibt es auch

8. Grundsicherung als **Darlehen**.

1. Regelbedarf

Rechtsgrundlage: §§ 27a ff SGB 12

Der Regelbedarf soll für Essen und Trinken, Hausrat, Kleidung, Körperpflege und die persönlichen Bedürfnisse des täglichen Lebens ausreichen. Erwachsene erhalten monatlich einen festen Betrag als **Regelbedarf**. Er ist in fast ganz Deutschland gleich hoch. Er beträgt ab dem Jahr 2016

- für eine alleinstehende Person 404,00 €.
- für eine Person in einer Ehe oder Partnerschaft 364,00 €.
- für einen Erwachsenen ohne eigenen Haushalt (z.B. eine behinderte Person, die bei den Eltern wohnt) 324,00 €.

In Bayern sind dies Mindestbeträge. Die Landkreise und Städte dürfen den Regelbedarf auch höher festsetzen. Da das Leben in München teuer ist, wurde dort der Regelbedarf erhöht.

Selten gibt es Ausnahmen beim Regelbedarf. Wenn Sie nachweisen, dass Ihr tatsächlicher Bedarf dauerhaft höher ist, muss der Regelbedarf angehoben werden.

Andererseits kann das Sozialamt den Regelbedarf kürzen, wenn Sie zum Beispiel bei Ihren Kindern regelmäßig kostenlos essen.

2. Mehrbedarf für besondere Lebenslagen

Rechtsgrundlage: § 30 SGB 12

In bestimmten Lebenslagen entstehen besondere Kosten. In diesen Fällen wird ein sogenannter **Mehrbedarf als Zuschlag** gezahlt:

a) wenn wegen einer Erkrankung eine besondere Ernährung nötig ist
b) für schwerbehinderte Menschen mit Merkzeichen G oder aG
c) für behinderte Menschen (in bestimmten Fällen)
d) für Schwangere
e) für Alleinerziehende
f) für die Bereitung von Warmwasser
g) Höchstgrenze für mehrere Mehrbedarfe nebeneinander

Als Mehrbedarf gibt es einen festen Euro-Betrag. Dieser kann im Einzelfall erhöht oder gesenkt werden. Dafür muss es einen guten Grund geben.

a) Für besondere Ernährung wegen einer Erkrankung

Anspruch auf einen Mehrbedarf haben Personen, die **aus medizinischen Gründen** eine besonders teure Ernährung brauchen. Es geht hier nur um die Ernährung – nicht um andere Kosten, die durch eine Krankheit entstehen.

Dieser Mehrbedarf wird meistens anerkannt bei schweren Erkrankungen wie zum Beispiel fortgeschrittener oder entzündlicher Krebs, AIDS, multiple Sklerose, schwere Mukoviszidose oder wenn die Nieren nicht ausreichend arbeiten. Dasselbe gilt, wenn die Nahrung nicht richtig aufgenommen wird, wie bei der Zöliakie. Der Mehrbedarf liegt zwischen 40,40 € und 80,80 €. Das sind 10 % bis 20 % des Regelbedarfes für Alleinstehende.

Um diesen Mehrbedarf zu bekommen, müssen Sie dem Sozialamt eine **ärztliche Bescheinigung** vorlegen. Darin muss stehen: Ihre Erkrankung und der Grund für die teure Ernährung. Das Sozialamt kann zusätzlich ein Gutachten durch einen anderen Arzt verlangen – etwa durch einen Arzt im Gesundheitsamt.

b) Für schwerbehinderte Menschen mit Merkzeichen G oder aG

Sie können sich beim Versorgungsamt als Schwerbehinderter anerkennen lassen. Das Versorgungsamt stellt Ihnen dann einen Bescheid und einen Ausweis aus. Wenn Sie schwerbehindert sind, weil Sie sich nur noch sehr schlecht im Straßenverkehr bewegen können, wird Ihr Ausweis mit dem Kennzeichen G oder aG versehen. Legen Sie den Bescheid des Versorgungsamtes oder den Ausweis beim Sozialamt vor, um den Mehrbedarf zu bekommen. Er beträgt in diesem Fall 17 % des Regelbedarfes, das sind

- für Alleinstehende: 68,68 €.
- für Ehepartner oder Lebenspartner: 61,88 €.
- wenn Sie keinen eigenen Haushalt führen: 55,08 €.

Diesen Mehrbedarf bekommt **nicht zusätzlich**:

- wer behindert ist und deshalb bereits einen Mehrbedarf erhält – siehe Abschnitt c) – und
- wer blind und nur deswegen voll erwerbsgemindert ist. Einen Mehrbedarf gibt es dann nur, wenn noch andere Behinderungen vorliegen.

Schwerbehinderte mit dem Merkzeichen G oder aG (gehbehindert) oder dem Merkzeichen H (hilflos) sowie blinde Menschen mit dem Merkzeichen Bl im Ausweis haben ein Sonderrecht: Sie können alle **Busse und Bahnen kostenlos** benutzen, die zum **öffentlichen Personennahverkehr** gehören.

c) Für behinderte Menschen in Schule oder Ausbildung

Behinderte Menschen haben während einer Schul- oder Berufsausbildung, die als Eingliederungshilfe gewährt wird, einen Anspruch auf einen Mehrbedarf. Er beträgt 35 % ihres Regelbedarfes, das sind

- 141,40 €, wenn sie alleine leben
- 127,40 €, wenn sie mit einem Partner zusammen leben
- 113,40 €, wenn sie keinen eigenen Haushalt führen.

Wenn behinderte Menschen zur Schule gehen oder in einer Berufsausbildung sind, hält das Sozialamt sie meistens nicht für dauerhaft voll erwerbsgemindert. Sind sie es doch, müssen sie das eindeutig nachweisen (siehe Kapitel 1 Abschnitt 4).

d) Für Schwangere

Schwangere erhalten einen Mehrbedarf **ab der 13. Schwangerschaftswoche**. Er beträgt 17 % des Regelbedarfes, das sind

- 68,68 €, wenn sie alleine leben
- 61,88 €, wenn sie mit einem Partner zusammen leben
- 55,08 €, wenn sie keinen eigenen Haushalt führen.

e) Für Alleinerziehende

Wenn Sie alleine mit einem oder mehreren minderjährigen Kindern zusammen leben und **alleine für die Pflege und Erziehung der Kinder sorgen**, dann bekommen Sie einen Mehrbedarf. Wie hoch er ist, richtet sich danach, wie viele Kinder es sind und ihrem Alter.

Für eine Alleinerziehende und	Prozent vom Regelbedarf Stufe 1 (404 €)	Mehrbedarf in €
1 Kind	12 %	48,48
1 Kind unter 7 Jahre	36 %	145,44
2 Kinder	24 %	96,96
2 Kinder unter 16 Jahre	36 %	145,44
3 Kinder	36 %	145,44
4 Kinder	48 %	193,92
5 oder mehr Kinder	60 %	242,40

Mit 2 oder 3 Kindern unter 7 Jahren bekommen Sie denselben Betrag wie mit nur einem Kind unter 7 Jahren.

Sie bekommen diesen Mehrbedarf, wenn das Kind bei Ihnen wohnt und Sie alleine für das Kind sorgen – auch wenn Sie nicht die Mutter oder der Vater sind. Diesen Mehrbedarf gibt es also auch für Verwandte und auch Nicht-Verwandte, wenn das Kind bei ihnen lebt und von Ihnen versorgt und erzogen wird.

f) Für die Bereitung von Warmwasser

In vielen Wohnungen wird das Warmwasser von der Heizung erzeugt. Die Kosten für das Warmwasser sind dann in den Heizkosten enthalten (siehe Kapitel 4 Abschnitt 3).

In manchen Wohnungen gibt es aber **besondere Geräte zur Bereitung von Warmwasser** – meistens Elektrogeräte, etwa unter dem Waschbecken oder bei der Dusche. Da in diesem Fall die Kosten für das Warmwasser nicht in den Heizkosten enthalten sind, wird dafür ein Mehrbedarf anerkannt. Er wird für jede einzelne Person berechnet, die in Ihrem Haushalt wohnt und Anspruch auf Sozialleistungen hat. Der Mehrbedarf beträgt:

Für Personen mit Regelbedarf in Höhe von	Mehrbedarf für Warmwasser 2,3 %
404,00 €	9,29 €
364,00 €	8,37 €
324,00 €	7,45 €

g) Mehrere Mehrbedarfe nebeneinander

Wenn Ihnen mehrere Mehrbedarfe nebeneinander anerkannt werden, werden die Beträge zusammengezählt – etwa wegen einer teuren Ernährung und als Alleinerziehende. Dabei gibt es eine Höchstgrenze: Insgesamt wird als Mehrbedarf höchstens so viel anerkannt, wie Sie als Regelbedarf bekommen – also 404 € oder 364 € oder 324 €.

3. Beiträge zur Kranken- und Pflegeversicherung

Rechtsgrundlage: § 32 SGB 12

Grundsätzlich muss jeder Bürger in Deutschland kranken- und pflegeversichert sein – bei einem gesetzlichen oder privaten Versicherungsunternehmen. Dennoch gibt es wenige Menschen, die nicht versichert sind. Wenn diese Menschen krank werden und eine Behandlung nicht bezahlen können, haben sie Anspruch auf Hilfen zur Gesundheit vom Sozialamt. Sie werden dann ebenso versorgt wie die Versicherten der gesetzlichen Krankenversicherung.

Die meisten Menschen sind in der **gesetzlichen Kranken- und Pflegekasse** versichert – als Mitglied, als Familienangehöriger oder freiwillig. **Privat versichert** sind vor allem Selbstständige, Beamte, Richter und Soldaten. Außerdem kann sich privat versichern, wer mit seinem Einkommen über der sogenannten Versicherungspflicht-Grenze liegt.

Vermutlich sind Sie gesetzlich kranken- und pflegeversichert. In der Regel werden die Beiträge gleich abgezogen von der Rente oder vom Arbeitslohn. Das berücksichtigt das Sozialamt, wenn Ihr Einkommen berechnet wird – siehe Kapitel 5 Abschnitt 4. Wenn Sie Anspruch auf Grundsicherung haben, übernimmt das Sozialamt Ihre Beiträge zur Kranken- und Pflegeversicherung. Bedingung ist, dass Sie mindestens eine dieser drei Leistungen erhalten:

- Regelbedarf zur Sicherung des Lebensunterhalts
- Leistungen für Mehrbedarfe
- Leistungen für Wohnen (Unterkunft) und Heizung.

Meistens überweist das Sozialamt die Beiträge direkt an Ihre Krankenkasse. Es kann das Geld auch an Sie auszahlen und Sie überweisen Ihre Beiträge selbst an Ihre Krankenkasse.

Wenn Sie als Familienangehöriger über Ihren Ehe- oder Lebenspartner versichert sind, ändert sich daran nichts.

Sie müssen die Beiträge für die Kranken- und Pflegeversicherung selbst bezahlen, wenn Sie nur eine der folgenden Leistungen erhalten:

- Einmalige Leistungen (siehe unten, Abschnitt 6)
- Leistungen in besonderen Notfällen, etwa wenn Wohnungsverlust droht (siehe Kapitel 4, Abschnitt 8).

Wenn Sie **privat kranken- und pflegeversichert** sind und Grundsicherung bekommen, können Sie bei Ihrer Versicherung in den **Basistarif** wechseln. Die Kosten in Höhe des Basistarifs übernimmt das Sozialamt. Sie haben dann denselben Beitrag und dieselben Leistungen wie in der gesetzlichen Krankenversicherung, können aber in Ihrer privaten Versicherung bleiben. Wenn Sie in einem anderen Tarif versichert sind, übernimmt das Sozialamt nur die Kosten für den Basistarif.

Vielleicht brauchen Sie Grundsicherung nur deshalb, weil Sie sonst die Beiträge zur Kranken- und Pflegeversicherung nicht bezahlen könnten. In diesem Fall kann das Sozialamt die Beiträge direkt an die Krankenkasse überweisen, wenn die Krankenkasse das möchte. Das Sozialamt informiert Sie darüber. Dabei erfahren Sie auch, ob Sie eventuell einen Teil der Beiträge an das Sozialamt zurückzahlen müssen.

Ihre Krankenkasse kann einen **Zusatzbeitrag** erheben. Das Sozialamt übernimmt die Kosten für den Zusatzbeitrag. Das Sozialamt wird Sie aber auffordern, zu einer Krankenkasse zu wechseln, die keinen Zusatzbeitrag erhebt. Wenn Sie in einer Werkstatt für behinderte Menschen beschäftigt sind, müssen Sie gar keinen Zusatzbeitrag bezahlen.

4. Beiträge für eine angemessene Alterssicherung und Sterbegeld

Rechtsgrundlage: § 33 SGB 12

Wenn Sie voll erwerbsgemindert sind und deshalb Grundsicherung erhalten, kann das Sozialamt die Beiträge für eine **angemessene Alterssicherung** übernehmen. Angemessen heißt hier: Ihre Alterssicherung sollte so hoch sein, dass Sie im Alter keine Grundsicherung mehr brauchen. Es gibt dafür mehrere Möglichkeiten: die gesetzliche Rentenversicherung, eine private Pensionskasse oder eine betriebliche Altersversorgung.

Das Sozialamt kann auch Beiträge für ein angemessenes **Sterbegeld** übernehmen. Hier bedeutet angemessen: Das Sterbegeld sollte reichen, um die notwendigen Kosten für eine Beerdigung zu bezahlen.

5. Leistungen für den Schulbesuch

Rechtsgrundlage: § 34 ff. SGB 12

Wenn Sie noch zur Schule gehen, können Bedarfe für Bildung und Teilhabe wichtig sein. Diese Leistungen müssen **extra beantragt** werden – mit einer Ausnahme: Nur persönlicher Schulbedarf wird automatisch bewilligt – siehe unten Punkt b).

Anspruch auf diese Leistungen haben Schüler, die eine allgemeinbildende Schule besuchen – Hauptschule, Realschule, Oberschule oder Gymnasium. Berufsschüler bekommen die Leistungen nur dann, wenn sie keine Ausbildungsvergütung erhalten. Auch eine Tagesbildungsstätte mit sonderpädagogischer Förderung gilt als allgemeinbildende Schule, wenn ein schulpflichtiger behinderter Mensch sie besucht.

Diese Leistungen gibt es nur, wenn Sie Grundsicherung wegen dauerhafter voller Erwerbsminderung bekommen. Bei Schülern wird allerdings meistens eine dauerhafte volle Erwerbsminderung **nicht** anerkannt – das Sozialamt erwartet, dass sie später arbeiten können (siehe Kapitel 1 Abschnitt 4).

> **BERATUNG:** Wenn das Sozialamt eine dauerhafte volle Erwerbsminderung nicht anerkennt, könnten **minderjährige** Kinder dennoch Anspruch auf Leistungen für den Schulbesuch haben: nach Sozialgesetzbuch 12 im Rahmen der Hilfe zum Lebensunterhalt oder nach dem Sozialgesetzbuch 2. Lassen Sie sich bei Ihrem Sozialamt beraten.

Der Anspruch besteht auch, wenn Sie keine laufende Grundsicherung bekommen. Nämlich dann, wenn Ihr Geld gerade für das tägliche Leben reicht, aber nicht für die Kosten für den Schulbesuch. Scheuen Sie sich nicht, sich ihren Anspruch vom Sozialamt ausrechnen zu lassen. Das ist Ihr gutes Recht.

Leistungen für den Schulbesuch stehen Ihnen auch zu, wenn Ihre Eltern **Kinderzuschlag** bekommen oder Sie **Wohngeld** beziehen. Zuständig ist dann der Landkreis oder die kreisfreie Stadt, wo Sie wohnen. Fragen Sie beim Sozialamt oder bei der Gemeindeverwaltung nach, wo Sie Ihren Antrag stellen müssen.

Im Einzelnen können Sie Leistungen für diese Bedarfe bekommen:

a) eintägige Schulausflüge und Klassenfahrten über mehrere Tage
b) Persönlicher Schulbedarf
c) Schülerbeförderung
d) Lernförderung
e) Mittagessen in der Schule.

a) Eintägige Schulausflüge und mehrtägige Klassenfahrten

Hierbei geht es um die Kosten für die Fahrt, für Übernachtungen und für Eintrittsgelder. Das Sozialamt muss diese Kosten übernehmen, weil sie nicht im Regelbedarf enthalten sind. Am besten zeigen Sie dem Mitarbeiter beim Sozialamt die Mitteilung Ihrer Schule über die geplante Fahrt und die Kosten. Das ist wichtig, weil nur bestimmte Kosten anerkannt werden. Geben Sie dem Mitarbeiter auch die Kontonummer, auf die Ihr Kostenanteil gezahlt werden muss. Das Sozialamt überweist das Geld entweder direkt an die Schule oder Sie erhalten einen Gutschein, den die Schule beim Sozialamt einlöst. Sie bekommen das Geld nicht ausgezahlt.

b) Persönlicher Schulbedarf

Um Hefte, Stifte, Zirkelkasten, Malkasten und Ähnliches anzuschaffen, gibt es in jedem Schulhalbjahr einen festen Betrag. Im August erhält jeder Schüler und jede Schülerin 70,00 € und im Februar 30,00 €. Wenn Sie laufende Grundsicherung bekommen, müssen Sie diese Leistung nicht extra beantragen. Sie bekommen sie automatisch. Achten Sie aber darauf, dass das Geld auch wirklich bei Ihnen ankommt. Bekommen Sie keine laufende Grundsicherung, können Sie diese Leistung trotzdem bekommen – dann aber nur mit Antrag.

c) Schülerbeförderung

Wenn Sie nur mit Bus oder Bahn zu Ihrer Schule kommen können, bekommen Sie die Fahrtkosten erstattet – für die Strecke zur nächstgelegenen Schule. Fragen Sie zunächst Ihre Gemeinde- oder Kreisverwaltung: Falls die Gemeinde oder der Kreis einen Zuschuss zu Fahrtkosten für den Schulweg gibt, müssen Sie diesen zuerst in Anspruch nehmen. Reicht dieser Zuschuss zusammen mit dem Fahrtkostenanteil im Regelbedarf (17 € bis 19 €) nicht aus, übernimmt das Sozialamt den fehlenden Rest. Diesen Betrag bekommen Sie monatlich ausgezahlt.

d) Lernförderung

Das Sozialamt übernimmt die Kosten für Nachhilfe oder Lernförderung, wenn Sie nur mit dieser Hilfe die Versetzung schaffen. Sie müssen die Leistung beantragen, bevor Sie mit der Nachhilfe oder Lernförderung anfangen. Als Nachweis für das Sozialamt reicht das Halbjahreszeugnis, ein „blauer Brief" oder eine Bestätigung des Fachlehrers oder Klassenlehrers. Sagen Sie beim Sozialamt, wer Ihnen beim Lernen hilft (Nachhilfelehrer, Volkshochschule, anderer Schüler). Sie müssen auch angeben, wie viele Stunden nötig sind und die Kosten dafür. Das Sozialamt zahlt direkt an den Nachhilfelehrer oder Sie bekommen einen Gutschein, den der Nachhilfelehrer beim Sozialamt einlösen kann.

e) Mittagessen in der Schule

Wenn Sie regelmäßig in der Schule zu Mittag essen, übernimmt das Sozialamt die Kosten. Dies gilt nur, wenn die Schule selbst das Mittagessen anbietet. Sie müssen selbst täglich 1,00 € dazu bezahlen. Das Sozialamt bezahlt das Mittagessen entweder direkt oder gibt Ihnen einen Gutschein.

6. Einmalige Leistungen

Rechtsgrundlage: §31 SGB 12

Die Kosten des täglichen Lebens sollen durch den Regelbedarf abgedeckt werden. In besonderen Fällen bewilligt das Sozialamt zusätzliche Zahlungen als **einmalige Leistungen** – für diese Zwecke:

a) Erstausstattung für die Wohnung
b) Erstausstattung für Bekleidung, Bekleidung für Schwangere und Säuglingserstausstattung
c) Orthopädische Schuhe und Geräte für eine medizinische Behandlung
d) Einmalige Leistungen für Personen, die nicht regelmäßig monatliche Grundsicherung bekommen.

Ein Fernsehgerät wird nicht als einmalige Leistung bewilligt. Das müssen Sie aus Ihrem Regelbedarf bezahlen.

a) Erstausstattung für die Wohnung

Mit dieser Erstausstattung sind Möbel, Haushaltsgeräte und Haushaltswäsche gemeint – sie kann Ihnen in folgenden Fällen bewilligt werden:

- Sie ziehen zum ersten Mal in eine eigene Wohnung.

- Sie ziehen von einer möblierten Wohnung in eine Wohnung ohne Möbel.
- Sie hatten längere Zeit keine eigene Wohnung (z.B. wenn Sie längere Zeit im Ausland oder im Betreuten Wohnen gelebt haben, nach Strafhaft oder wenn Sie obdachlos waren).
- Nach einer Scheidung, wenn Möbel und Hausrat fehlen, weil aus dem gemeinsamen Haushalt zwei neue Wohnungen ausgestattet werden müssen.
- Wenn für ein Neugeborenes ein Kinderzimmer neu eingerichtet werden muss.

Sie bekommen entweder das Geld, damit Sie sich diese Gegenstände selbst kaufen können oder das Sozialamt händigt Ihnen einen Gutschein aus.

b) Erstausstattung für Schwangerschaftsbekleidung, Säuglingserstausstattung und Bekleidung in Notlagen

Schwangere können Schwangerschaftsbekleidung für sich und eine Erstausstattung für das Neugeborene beantragen. Dazu gehören neben der Bekleidung auch Kinderwagen, ein Bettchen mit Matratze und Bettwäsche.

Eine Erstausstattung für Bekleidung können Sie nur nach **außergewöhnlichen Ereignissen** beantragen. Zum Beispiel, wenn Sie Ihre ganze Bekleidung durch einen Wohnungsbrand verloren haben.

c) Orthopädische Schuhe und Geräte für eine medizinische Behandlung

Bei einer ärztlichen Verordnung über orthopädische Schuhe übernimmt das Sozialamt die zusätzlichen Kosten für den Kauf und die Reparatur dieser Schuhe. Brauchen Sie medizinische Geräte zur Selbstbehandlung, zahlt das Sozialamt die Kosten für deren Miete, Reparatur und Ausstattung. Um diese Leistungen zu erhalten, müssen Sie einen Antrag stellen.

d) Einmalige Leistungen für Personen, die nicht regelmäßig Grundsicherung bekommen

Auch wenn Sie keine laufende Grundsicherung bekommen, können Sie einmalige Leistungen beantragen. Von Ihrem Einkommen wird der Betrag angerechnet, der über dem monatlichen Bedarf der Grundsicherung liegt. Für die Berechnung kann zusätzlich Ihr Einkommen der nächsten 6 Monate berücksichtigt werden. Sie bekommen dann den noch **fehlenden Teil der Kosten**. Sehen Sie hierfür ein Beispiel:

BEISPIEL

Frau Scholz hat sich von ihrem Ehemann getrennt und zieht in eine neue Wohnung, für die sie eine Warmmiete von 320 € bezahlt. Sie braucht für diese Wohnung einige neue Möbel und Haushaltsgeräte – das kostet insgesamt 850 €. Das Sozialamt hat diesen Betrag anerkannt. Frau Scholz bekommt eine Rente in Höhe von 780 €.

So rechnet das Sozialamt:

Bedarf der Grundsicherung	
Regelbedarf	404,00 €
Miete mit Heizkosten	320,00 €
Summe Bedarf	**724,00 €**
Tatsächliches **Einkommen**	
Rente	**780,00 €**
Unterschied zwischen Einkommen und Bedarf in einem Monat	56,00 €

Das Einkommen liegt um 56,00 € über dem Bedarf. Dieser Betrag kann für den Antragsmonat und bis zu 6 weitere Monate zusammen gerechnet werden. Das ergibt für insgesamt 7 Monate **392,00 €** – den Eigenanteil von Frau Scholz. Von den Kosten (850,00 €) zahlt Frau Scholz diesen Eigenanteil (392,00 €) selbst.

Dann fehlen noch **458,00 €** – die zahlt das Sozialamt als Zuschuss.

7. In besonderen Fällen Grundsicherung als Darlehen

Rechtsgrundlage: §§ 36 bis 38 SGB 12

Normalerweise müssen Sie Grundsicherung nicht zurückzahlen. In diesen Fällen müssen Sie das Geld jedoch zurückzahlen:

- Das Sozialamt bezahlt Ihre **Schulden**, damit Sie Ihre Wohnung nicht verlieren oder damit Sie weiterhin Strom, Gas oder Wasser bekommen (siehe Kapitel 4 Abschnitt 8).
- Sie **brauchen dringend etwas**, das Sie eigentlich aus dem Regelbedarf bezahlen müssen, haben aber kein Geld dafür – etwa für einen neuen Kühlschrank, wenn der alte defekt ist. Sie müssen dann einen Antrag stellen und bekommen das Geld vom Sozialamt geliehen. Das Sozialamt zieht dann von Ihrer Grundsicherung eine monatliche Rate von höchstens 20,20 € ab – so lange, bis das geliehene Geld zurückgezahlt ist.
- Sie ziehen um und der neue Vermieter verlangt von Ihnen eine **Mietkaution**. Fehlt Ihnen das Geld für diese Kaution, kann das Sozialamt es Ihnen leihen (siehe Kapitel 4 Abschnitt 4).
- Sie brauchen Grundsicherung voraussichtlich **kürzer als 6 Monate**. In diesem Fall kann Ihnen das Sozialamt die Leistung als Darlehen auszahlen. Das Geld müssen Sie später zurückzahlen.
- Sie brauchen nur deshalb Grundsicherung, weil Sie nicht schnell genug an Ihr **Vermögen** oder Ihre Wertgegenstände herankommen – oder nur mit sehr großem Verlust. Wenn zu erwarten ist, dass Sie in absehbarer Zeit an Bargeld kommen, kann das Sozialamt Ihnen Grundsicherung als Darlehen bewilligen (siehe Kapitel 6).

ACHTUNG: In allen anderen Situationen muss das Sozialamt Ihnen das Geld ohne eine Verpflichtung zur Rückzahlung geben.

Kapitel 4: Kosten für die Unterkunft – Miete, Nebenkosten, Heizkosten

Rechtsgrundlage: §§ 35 bis 36 SGB 12

Zur Grundsicherung gehören auch die Kosten für das Wohnen. Nur wenn Ihre Wohnkosten angemessen sind, zahlt das Sozialamt sie auf Dauer in voller Höhe.

Das Sozialamt verlangt von Ihnen, Ihre Wohnkosten zu senken, wenn sie bisher unangemessen hoch waren – siehe Abschnitt 1c).

So berechnet das Sozialamt Ihre Wohnkosten, wenn Sie mit anderen Personen zusammen in einer Wohnung leben: Die gesamten Wohnkosten werden **gleichmäßig auf alle Bewohner** verteilt, siehe Abschnitt 1b. Dabei ist es egal, ob Sie mit einer Person eine Einsatzgemeinschaft bilden oder nicht (siehe Kapitel 8).

Zu den Wohnkosten gehören:

1. Miete
2. Nebenkosten
3. Heizkosten
4. Umzugskosten
5. Renovierungskosten/Schönheitsreparaturen
6. Kosten der Unterkunft, wenn Sie Eigentümer der Wohnung oder des Hauses sind.

Bei den Kosten der Unterkunft sind außerdem folgende Punkte wichtig:

7. Wie werden die Kosten der Unterkunft ausgezahlt?
8. Übernahme von Mietschulden und Schulden für Energie und Wasser
9. Pauschalierung der Kosten der Unterkunft und der Heizkosten.

Bei den Wohnkosten gibt es häufiger Probleme. Bei einer Entscheidung zu den Wohnkosten muss das Sozialamt sich auch nach den Regelungen und Gerichtsurteilen zum Arbeitslosengeld 2 richten. Dort gibt es nämlich ganz ähnliche gesetzliche Vorschriften.

1. Miete

Auf Dauer übernimmt das Sozialamt nur **angemessene Mietkosten**. Für die Frage, ob Mietkosten angemessen sind, ist entscheidend:

- die Größe der Wohnung und die Zahl der Bewohner
- die Höhe der Miete.

a) Größe der Wohnung und Zahl der Bewohner

Für die angemessene Größe einer Wohnung gelten die gleichen Richtwerte wie beim Sozialen Wohnungsbau – siehe folgende Tabelle.

Anzahl der Personen im Haushalt	Größe der Wohnung in m^2	Anzahl der Räume
1 Person	45 bis 50 m^2	1 bis 2
2 Personen	60 m^2	2
3 Personen	75 bis 80 m^2	3
4 Personen	85 bis 90 m^2	4
Für jede weitere Person	10 bis 15 m^2 mehr	1 Raum mehr

Bei der Zahl der Räume zählen Küche und Bad nicht mit.

Auch andere Punkte müssen bei der Größe berücksichtigt werden: Zum Beispiel wie die Wohnung aufgeteilt ist oder dass ein Rollstuhlfahrer mehr Platz braucht.

Entscheidend ist jedoch die **Höhe der Miete** und nicht die Größe der Wohnung. Ist also die Miete angemessen, darf das Sozialamt nicht verlangen, dass Sie ausziehen – auch wenn die Wohnung zu groß ist. Es muss in diesem Fall die volle Miete anerkennen.

b) Höhe der Miete

Das Sozialamt muss für die **Mietobergrenze** eigene Richtwerte festlegen. Das verlangt das Bundessozialgericht. Diese Richtwerte müssen sich immer danach richten, wie hoch die Mieten in der jeweiligen Stadt und Gemeinde tatsächlich sind. Das Bundessozialgericht verlangt vom Sozialamt ein schlüssiges Konzept zur Ermittlung der Mietobergrenzen. Es muss auch wirklich Wohnungen zu diesen Mietpreisen geben. Wo es einen Mietpreisspiegel gibt, kann er als Maßstab benutzt werden. In Großstädten kann es für verschiedene Stadtteile unterschiedliche Mietobergrenzen geben. Die zuständigen Sozialämter können das so festlegen, wenn die Mieten einzelner Stadtteile stark voneinander abweichen.

In einigen Städten und Landkreisen gibt es keinen Mietpreisspiegel und für das Sozialamt auch keine anderen sicheren Informationsquellen über den Wohnungsmarkt. In diesem Fall darf sich das Sozialamt nach den **Mietobergrenzen nach dem Wohngeldgesetz** richten – sie können auch für Sie eine erste Orientierung sein, siehe folgende Tabelle.

Mietobergrenzen gemäß § 12 Wohngeldgesetz (alle Beträge in Euro)

Mietenstufe →	1	2	3	4	5	6
Größe des Haushalts ↓						
1 Person	312	351	390	434	482	522
2 Personen	378	425	473	526	584	633
3 Personen	450	506	563	626	695	753
4 Personen	525	591	656	730	811	879
5 Personen	600	675	750	834	927	1.004
zusätzlich für jede weitere Person im Haushalt	71	81	91	101	111	126

Die Werte beziehen sich auf die **Summe aus Miete und Nebenkosten**. Die Heizkosten sind **nicht** enthalten.

Jede Stadt, Gemeinde und jeder Landkreis ist einer **Mietenstufe** von 1 bis 6 zugeordnet. Großstädte haben höhere Mietenstufen (Beispiele für Stufe 6: Hamburg, Düsseldorf, Stuttgart, Frankfurt, München; Stufe 5: Bonn, Lüneburg, Marburg; Stufe 4: Essen, Bremen). Viele kleinere Städte und Landkreise haben Mietenstufe 2 oder 3. Die Mietenstufe für Ihren Wohnort können Sie bei Ihrer Gemeindeverwaltung erfahren oder im Internet finden: www.bmub.bund.de → Themen → Stadt-Wohnen → Wohnraumförderung → Downloads → **Mietenstufen der Gemeinden**, hier finden Sie eine PDF-Liste der Mietenstufen der Gemeinden.

Viele Sozialämter akzeptieren auch Mietkosten, die 5 % bis 10 % über der Mietobergrenze liegen. Als Mieter bekommen Sie dann einen sogenannten **Bagatellzuschlag** und müssen nicht umziehen oder untervermieten.

Wenn Sie mit Ihrem Ehe- oder Lebenspartner in einer Einsatzgemeinschaft leben (siehe Kapitel 8), gilt für Sie die Mietobergrenze für 2 Personen. Leben Sie aber mit anderen Personen in einer Wohngemeinschaft, werden die Kosten auf die Bewohner verteilt. Auch wenn die Wohnung vielleicht insgesamt zu teuer ist, kann Ihr Kostenanteil dennoch angemessen sein, siehe folgendes Beispiel.

BEISPIEL

Sie wohnen mit Ihren Eltern und einem Bruder zusammen in einer Wohnung, die 980 € Miete kostet. Für Ihre Stadt gilt die Mietenstufe 4 und damit beträgt Ihre gemeinsame Mietobergrenze 730 €. Nur Sie bekommen Grundsicherung, daher zählt in diesem Fall die Mietobergrenze für eine Person. Durch Aufteilung der Mietkosten auf die 4 Bewohner kommt für Sie ein Mietanteil von 245 € heraus. Das liegt erheblich unter der Mietobergrenze für eine Person von 434 €. Das Sozialamt muss also diesen Mietanteil von 245 € für Ihren Bedarf anerkennen.

Das gilt aber nur, wenn Sie einen Mietvertrag haben und tatsächlich Miete bezahlen.

ACHTUNG: Einige Sozialämter wenden die Mietobergrenzen auch auf Wohngemeinschaften an. Das ist aber nach einem Urteil des Bundessozialgerichts nicht zulässig.

c) Was geschieht, wenn die Mietkosten zu hoch sind?

Wenn Ihre Mietkosten **höher als angemessen** sind, müssen Sie diese innerhalb einer Übergangsfrist **senken** – durch einen Umzug, durch Untervermietung oder auf andere Weise.

Bei einem Erstantrag zahlt das Sozialamt für einen **Übergangszeitraum** auch eine unangemessen hohe Miete weiter – meistens für 6 Monate. Diesen Zeitraum sollen Sie dazu nutzen, Ihre Wohnkosten zu senken. Das Sozialamt informiert Sie schriftlich darüber, dass Ihre Miete zu hoch ist und wie lange sie noch gezahlt wird. Im selben Schreiben werden Sie aufgefordert, die Mietkosten zu senken – dafür wird eine Frist gesetzt. Nach allgemeiner Meinung können Sie gegen ein solches Schreiben keinen Widerspruch einlegen.

ACHTUNG: Es kann sein, dass Sie innerhalb der Frist keine angemessene Wohnung gefunden haben. Wenn Sie sich nicht richtig bemüht haben, Ihre Mietkosten zu senken, kann das Sozialamt die Leistungen für Unterkunft kürzen. Sie bekommen dann höchstens einen Betrag, der Ihrer Mietobergrenze entspricht.

d) Wie kann ich die Mietkosten senken?

Sie können

- in eine billigere Wohnung umziehen.
- untervermieten, falls die Wohnung groß genug ist.
- mit Ihrem Vermieter sprechen und ihn bitten, die Miete zu senken, damit Sie nicht umziehen müssen.

Sie müssen sich ausreichend bemühen, Ihre Mietkosten zu senken – und dies gegenüber dem Sozialamt nachweisen. Das Sozialamt muss Ihnen im Voraus mitteilen, was bei der Wohnungssuche gefordert wird. Das verlangen die Sozialgerichte.

TIPP: Schreiben Sie unbedingt Adressen, Ansprechpersonen und weitere Daten auf, wenn Sie eine billigere Wohnung suchen. So können Sie belegen, dass Sie sich ernsthaft bemüht haben. Wenn Sie innerhalb der Frist keine angemessene Wohnung finden konnten, muss das Sozialamt die Frist verlängern.

Sammeln Sie alle Belege über Kosten, die bei der Wohnungssuche entstehen. Das Sozialamt muss sie Ihnen erstatten – wenn Sie einen Antrag stellen und die Kostenbelege beifügen.

ACHTUNG: Wenn Sie eine neue Wohnung finden, brauchen Sie unbedingt die **Zustimmung des Sozialamtes**, bevor Sie den Mietvertrag unterschreiben. Das ist auch notwendig, damit das Sozialamt die Umzugskosten und eine eventuelle Mietsicherheit (Kaution) übernimmt.

e) Kein Umzug in Härtefällen

In manchen Härtefällen ist ein Umzug nicht zumutbar – trotz zu hoher Mietkosten. Dafür kann es persönliche Gründe geben. Zum Beispiel:

- Wenn Sie krank sind.
- Wenn Sie alt sind und/oder schon lange in Ihrer Wohnung leben.
- Vor allem, wenn Sie pflegebedürftig sind: Wenn Sie durch einen Umzug den Kontakt zu Ihren Nachbarn, Bekannten und Verwandten verlieren.
- Wenn Ihre Kinder durch den Umzug die Schule wechseln müssen.

TIPP: Nicht alle Sozialämter prüfen automatisch, ob ein Härtefall vorliegt. Wenn Sie nicht sicher sind, stellen Sie dafür einen Antrag. Beschreiben Sie darin, weshalb ein Umzug für Sie nicht zumutbar ist.

Wenn abzusehen ist, dass Sie nur für kurze Zeit Grundsicherung brauchen, dann muss das Sozialamt dies berücksichtigen. Die Richtwerte dürfen dann eher überschritten werden.

f) Wohnen bei Eltern oder Kindern

Wenn Sie Grundsicherung bekommen und bei Ihren Eltern leben, werden Ihre Kosten für das Wohnen so berechnet: Die Gesamtkosten werden durch die Zahl der Bewohner geteilt. Ihr Kostenanteil kann sehr niedrig sein, wenn Ihre Eltern auch die Eigentümer sind – wenn sie das Haus oder die Wohnung abbezahlt haben und keine Kreditzinsen zahlen müssen. Dasselbe gilt, wenn Sie Grundsicherung im Alter bekommen und im Haus oder in der Wohnung Ihrer Kinder wohnen.

TIPP: Sie können in diesem Fall in einem Mietvertrag mit Ihren Eltern oder Kindern eine angemessene Miete vereinbaren. Die muss das Sozialamt Ihnen als Bedarf anerkennen, wenn es einen Mietvertrag gibt und Sie tatsächlich Miete zahlen.

2. Nebenkosten (Betriebskosten)

Nebenkosten sind alle Kosten, die nach der **Betriebskostenverordnung** auf Mieter verteilt werden können. Dazu gehören z.B. Wasser, Abwasser, Grundsteuern, Hausversicherungen, Straßenreinigung, Beleuchtung der Gemeinschaftsflächen, Gebühren für Hausmeister und Schornsteinfeger usw. Der Vermieter stellt diese Kosten in Rechnung.

Umstritten sind manchmal die Kosten für den **Kabel-TV-Anschluss** und für **Parkplätze/Garagen**. Wenn Sie die Wohnung nur mit Kabel-TV-Anschluss und/oder Garage mieten konnten, muss das Sozialamt diese Kosten anerkennen – vorausgesetzt die Gesamtkosten sind angemessen. Diese Kosten werden aber nicht übernommen, wenn Sie den Kabel-TV-Anschluss selbst bestellt haben oder die Garage zusätzlich gemietet haben. Entscheidend ist, was im Mietvertrag steht.

a) Wie werden die Nebenkosten geprüft?

Meistens prüft das Sozialamt Miete und Nebenkosten gemeinsam. Manche Sozialämter prüfen allerdings die Beträge für Miete und Nebenkosten einzeln.

Bei dieser **Einzelprüfung** richtet sich das Sozialamt in der Regel nach einem Grenzwert für die Nebenkosten pro Quadratmeter (m^2) Wohnfläche. Sie können selbst einschätzen, ob Ihre Nebenkosten im Rahmen liegen. Schauen Sie in den bundesweiten **Betriebskostenspiegel** des Deutschen Mieterbundes. Sie finden ihn im Internet unter www.mieterbund.de → Service → Betriebskostenspiegel. Danach betrugen im Jahr 2013 die Betriebskosten im Durchschnitt 2,19 € pro m^2.

Wenn die Nebenkosten vom Sozialamt nicht anerkannt werden, sollten Sie zunächst mit dem Vermieter darüber sprechen, ob diese Nebenkosten gesenkt werden können. Wenn der Gesamtbetrag aus Miete und Nebenkosten angemessen ist, müssen Sie in der Regel nicht umziehen – auch wenn die Nebenkosten allein zu hoch sind.

b) Jährliche Abrechnung der Nebenkosten

Wenn Sie Nebenkosten nachzahlen müssen und zu diesem Zeitpunkt Grundsicherung bekommen, muss das Sozialamt die **Nachzahlung** übernehmen. Dies gilt auch dann, wenn die Nachzahlung für einen Zeitraum anfällt, in dem Sie keine Grundsicherung bekommen haben.

Anders ist es, wenn das Sozialamt Ihre Wohnkosten auf das angemessene Maß gekürzt hat – etwa weil Ihre Wohnung zu groß ist. In diesem Fall müssen Sie die nachgeforderten Nebenkosten selbst bezahlen.

Bekommen Sie eine **Rückerstattung von Nebenkosten**, müssen Sie das Sozialamt darüber informieren. Die Rückerstattung zählt als Einkommen und wird im nächsten Monat mit der Grundsicherung verrechnet. Die Rückerstattung wird nicht oder nur teilweise als Einkommen angerechnet, wenn Sie einen Teil der Nebenkosten selbst gezahlt haben – etwa weil sie unangemessen hoch waren.

3. Heizkosten und Warmwasser

Dazu gehören:

- Monatliche Vorauszahlungen für Heizung und Warmwasser an den Vermieter oder den Energieversorger.
- Kosten für das Bereiten von Warmwasser, wenn dies nicht über die Heizung geschieht.
- Nachzahlungen bei der jährlichen Abrechnung der Energiekosten.
- Kosten für das Füllen eines Gas- oder Öltanks und das Einlagern von Holz oder Kohle.
- Kosten für selbst gekaufte Brennstoffe.
- Kosten für den Betrieb und die Wartung der Heizung und für die gesetzlich vorgeschriebenen Abgas-Messungen.

TIPP: Wenn Sie mit Strom heizen – etwa mit einer Nachtspeicherheizung – sollten Sie das Sozialamt unbedingt darauf hinweisen. So erreichen Sie, dass diese Stromkosten zu den Heizkosten gezählt werden. Ansonsten müssten Sie sie aus dem Regelbedarf bezahlen.

a) Welche Heizkosten sind angemessen?

Viele Sozialämter prüfen einzeln, ob die **Heizkosten angemessen** sind, unabhängig von Miete und Nebenkosten. Wenn das Sozialamt die Wohnungsgröße anerkannt hat, muss es auch die notwendigen Heizkosten übernehmen.

Häufig akzeptieren die Sozialämter die tatsächlichen Heizkosten, solange nichts darauf hinweist, dass übermäßig viel geheizt wird. Viele Sozialämter halten sich bei dieser Prüfung an Richtwerte. Wenn Ihre Heizkosten darunter liegen, werden sie ohne Probleme anerkannt. **Höhere Heizkosten** muss das Sozialamt übernehmen, wenn Sie gute Gründe dafür haben. Beispiele hierfür sind:

- Schlechte Wärmedämmung oder schlechter Zustand der Heizungsanlage.
- Dachgeschoss oder Eckwohnung.
- Hohe Räume.
- Ständiger Aufenthalt in der Wohnung, so dass die Temperatur tagsüber nicht herunter gestellt werden kann.
- Kleinkind oder gebrechliche Personen im Haushalt, die wärmere Räume brauchen.

TIPP: Die Sozialämter zahlen oft Pauschalen für das Füllen eines Gas- oder Öltanks oder für das Einlagern von Kohle oder Holz. Rechnen Sie nach, ob die Pauschalen ausreichen. Das Sozialamt muss Ihnen die gesamten Kosten zur Beschaffung von Heizmaterial dann auszahlen, wenn sie anfallen – wenn sie angemessen sind.

b) Jährliche Abrechnung der Heizkosten

Wenn Sie Heizkosten **nachzahlen** müssen und zu diesem Zeitpunkt Grundsicherung bekommen, muss das Sozialamt die Nachzahlung übernehmen. Dies gilt auch dann, wenn die Nachzahlung für eine Heizperiode anfällt, in der Sie keine Grundsicherung bekommen haben.

Anders ist es, wenn das Sozialamt Ihre Heizkosten auf das angemessene Maß gekürzt hat. In diesem Fall müssen Sie die nachgeforderten Heizkosten selbst bezahlen.

Bekommen Sie eine **Rückerstattung von Heizkosten**, müssen Sie das Sozialamt darüber informieren. Die Rückerstattung zählt als Einkommen und wird im nächsten Monat mit der Grundsicherung verrechnet. Die Rückerstattung wird nicht oder nur teilweise als Einkommen angerechnet, wenn Sie einen Teil der Heizkosten selbst bezahlt haben – weil sie unangemessen hoch waren.

c) Warmwasser bei Zentralheizung

Die Kosten für die Warmwasserbereitung gehören zu den Heizkosten und damit zu den Kosten für das Wohnen und nicht zum Regelbedarf (siehe Kapitel 3 Abschnitt 1). Auch wenn Sie nur einen Teil Ihres Warmwassers direkt herstellen – etwa über einen Durchlauferhitzer bei einem Waschbecken –, stellen Sie bei Ihrem Sozialamt einen Antrag auf Mehrbedarf für Warmwasser – siehe Kapitel 3 Abschnitt 2f.

d) Was geschieht, wenn meine Heizkosten unangemessen hoch sind?

Das Sozialamt muss Ihnen zu hohe Heizkosten für eine Übergangszeit weiterzahlen – normalerweise für 6 Monate. Diesen Zeitraum sollen Sie nutzen, um Ihre unangemessenen Heizkosten auf Dauer zu senken.

Gelingt Ihnen das nicht, kann das Sozialamt zu hohe Heizkosten auf das Angemessene kürzen – dann müssen Sie den Rest selbst bezahlen.

4. Umzugskosten

ACHTUNG: Wenn Sie auf eigenen Wunsch umziehen, sollten Sie sich dafür unbedingt die **Zustimmung des Sozialamtes** holen – **bevor** Sie den Mietvertrag unterschreiben. Nur dann wird die Miete der neuen Wohnung in voller Höhe übernommen. Das Sozialamt muss Ihrem Umzug zustimmen, wenn er notwendig ist.

Das Sozialamt sichert die Übernahme von Umzugskosten nur zu, wenn Sie eine konkrete Wohnung nachweisen, die Sie anmieten wollen. Es wird Ihnen die Übernahme von Umzugskosten nicht ganz allgemein zusichern.

Dafür müssen zwei Voraussetzungen erfüllt sein:

- Sie können gut begründen, warum sie umziehen wollen, und

- die Mietkosten der neuen Wohnung sind angemessen – siehe Abschnitt 1b.

Bei der Bewertung Ihrer Gründe darf das Sozialamt nicht zu streng sein. Sie dürfen aus denselben Gründen umziehen wie eine Person, die keinen Anspruch auf Grundsicherung hat – Ihre Gründe müssen nur sinnvoll und für das Sozialamt nachzuvollziehen sein. Je teurer ein geplanter Umzug ist, desto besser müssen Sie ihn begründen.

Ist eine der beiden Voraussetzungen nicht erfüllt, wird das Sozialamt dem Umzug nicht zustimmen. Das hat unterschiedliche Folgen:

a) Umzug nicht erforderlich

Der Umzug ist nicht erforderlich, wenn das Sozialamt die alte Wohnung ausreichend findet. Ist die Miete für die neue Wohnung höher als für die alte, werden nur die niedrigeren Kosten der alten Wohnung weiter gezahlt. Das gilt selbst dann, wenn die Miete der neuen Wohnung angemessen wäre.

b) Unangemessen hohe Mietkosten

Der Umzug ist erforderlich, aber die neue Miete ist zu hoch. In diesem Fall wird das Sozialamt nicht zustimmen.

ACHTUNG: Ist die Miete für die neue Wohnung zu teuer, übernimmt das Sozialamt die Mietkosten nur in angemessener Höhe. Sie müssen dann den Rest selbst zahlen. Das gilt auch für die Zukunft. Sie müssen also auch jede zukünftige Erhöhung von Miete und Nebenkosten selbst bezahlen.

c) Umzugskosten, Mietsicherheit und Maklerkosten

Mietsicherheit (Kaution) und Umzugskosten können bewilligt werden, wenn das Sozialamt vorher zugesichert hat, die Kosten zu übernehmen. Das Sozialamt soll diese Zusicherung geben, wenn es selbst den Umzug veranlasst hat oder wenn es den Umzug als notwendig anerkannt hat. Das Sozialamt geht in der Regel davon aus, dass Sie mit Hilfe von Bekannten und mit eigenem Fahrzeug oder Mietwagen umziehen – danach werden die Umzugskosten abgeschätzt. Vielleicht schaffen Sie es körperlich nicht, den Umzug selbst durchzuführen und haben auch keine Verwandten oder Bekannten, die Ihnen dabei helfen können. Dann werden die Kosten einer Spedition übernommen – wenn sie angemessen sind. Beim Umzug in einen anderen Ort ist für die Umzugskosten noch das bisherige Sozialamt zuständig. Wenn Sie in ein Pflegeheim ziehen, muss das Sozialamt auch die angemessenen Kosten für die Räumung Ihrer Wohnung übernehmen.

Für die **Mietsicherheit** (Kaution) ist das Sozialamt am neuen Wohnort zuständig. Wenn es die Mietsicherheit bewilligt, bekommen Sie den Betrag als **Darlehen**. Dieses Darlehen kann danach mit Ihrer Grundsicherung verrechnet werden – allerdings nur mit Ihrer Zustimmung. Die können Sie jederzeit widerrufen.

Maklerkosten werden nur in diesem Ausnahmefall ersetzt:

- Das Sozialamt findet den Umzug auch notwendig und hat ihm zugestimmt.
- **Und:** Sie finden ohne Makler keine Wohnung.

5. Renovierungskosten und Schönheitsreparaturen

Kosten für Renovierung und im Mietvertrag vereinbarte Schönheitsreparaturen gehören zu den Kosten der Unterkunft.

TIPP: Es wurde gerichtlich entschieden, dass diese Kosten zu den Unterkunftskosten gehören. Das Sozialamt muss diese Kosten also bezahlen. Stellen Sie einen Antrag auf Kostenübernahme, wenn in Ihrem Mietvertrag steht, dass Sie Renovierungskosten selbst zahlen müssen. Hinweis: Viele Klauseln in Formularmietverträgen mit starren Fristen sind nach der Rechtsprechung des Bundesgerichtshofes unwirksam. Falls dies bei Ihnen der Fall ist, sind Sie nicht zur Renovierung verpflichtet. Der Vermieter muss dann selbst renovieren!

6. Unterkunftskosten bei Wohneigentum

Bei der eigenen Wohnung oder dem eigenen Haus gehören zu den Unterkunftskosten auch die **Zinsen**, die Sie an Ihre Bank oder Sparkasse für Ihren Hauskredit bezahlen. Dasselbe gilt für dauernde Lasten wie Erbpacht.

Die **Tilgung** eines Darlehens zählt in der Regel nicht zu den Unterkunftskosten, weil dadurch Eigentum entsteht. Das bedeutet, dass Sie die Tilgung des Hauskredits aus dem Regelbedarf bezahlen müssen. Oder Sie müssen mit der Bank vereinbaren, dass Sie für eine Übergangszeit mit der Tilgung aussetzen.

TIPP: Mit fortschreitender Abzahlung eines Darlehens sinkt der Zinsanteil an der Monatsrate immer mehr ab. Sind in diesem Fall Zins und Tilgung zusammen nicht höher als eine vergleichbare Miete, kann das Sozialamt unter Umständen auch die Tilgung übernehmen.

Damit Sie Ihre Wohnung nicht verlieren, wenn Sie die Tilgung nicht bezahlen können, wenden Sie sich an das Sozialamt. Es kann Ihnen in diesem Fall ein Darlehen für die Tilgung geben.

Sogenannte **Erhaltungsaufwendungen** für ein Eigenheim übernimmt unter Umständen das Sozialamt. Dazu gehören beispielsweise notwendige Reparaturen am Haus (Dach, Fenster usw.) oder an wichtigen Versorgungseinrichtungen (Heizung, Stromnetz, Wasser- und Abwasserrohre).

Kosten für Renovierung werden nicht übernommen, wenn dadurch nur der Wert des Eigenheims gesteigert wird.

a) Angemessene Größe und Kosten bei Wohneigentum

Für die Anerkennung der Kosten gelten bei Wohneigentum grundsätzlich die **gleichen Grenzen der Angemessenheit** wie bei einer Mietwohnung.

Zu hohe Kosten werden weiter anerkannt, solange Sie die Kosten nicht senken können – oder wenn Ihnen das nicht zuzumuten ist. Der Auszug aus einem Eigenheim ist nicht so einfach möglich wie aus einer Mietwohnung. Deshalb können dafür unter Umständen längere Übergangsfristen bewilligt werden als die 6 Monate, die für Mietwohnungen gelten.

Wenn die Kosten für Ihr selbst bewohntes Wohneigentum zu hoch sind: Sie können die Kosten wie bei einer Mietwohnung durch Teilvermietung oder durch Umzug und Verkauf der Wohnung senken. Falls Sie die Kosten nicht senken, **übernimmt das Sozialamt nur die angemessenen Kosten**. Den Rest müssen Sie aus Ihrem Regelbedarf bezahlen oder aus einem geschonten Barvermögen (siehe Kapitel 6 Abschnitt 3).

Alle **Nebenkosten**, die bei einer Mietwohnung anerkannt werden, müssen auch bei Wohneigentum anerkannt werden.

ACHTUNG: Auch wenn Wohneigentum als Vermögen geschützt ist, muss das Sozialamt höhere, unangemessene laufende Kosten nicht übernehmen. So hat das Bundessozialgericht entschieden.

b) Heizkosten bei Wohneigentum

Bei den Heizkosten gelten dieselben Regeln wie bei einer Mietwohnung.

TIPP: Bei geschütztem Wohneigentum – Haus oder Wohnung (siehe Kapitel 6 Abschnitt 2) – akzeptiert das Sozialamt eine größere Wohnfläche als bei einer Mietwohnung. Es kann dann Probleme wegen zu hoher Heizkosten geben. Versuchen Sie in diesem Fall, die höheren Heizkosten als angemessen anerkennen zu lassen.

7. Wie werden die Kosten der Unterkunft ausgezahlt?

Normalerweise zahlt das Sozialamt Unterkunftskosten an Sie.

In **Ausnahmefällen** soll das Sozialamt die Unterkunftskosten direkt an den Vermieter bzw. den Energieversorger zahlen:

- Wenn zu befürchten ist, dass der Mieter das Geld für etwas anderes ausgibt – zum Beispiel bei Personen mit Suchtproblemen oder
- wenn das Sozialamt schon vorher Mietschulden oder Rückstände bei den Energiekosten bezahlen musste.

Sie werden in jedem Fall vorher schriftlich darüber informiert, wenn das Sozialamt die Unterkunftskosten in Zukunft direkt an den Vermieter bzw. den Energieversorger auszahlt.

Das Sozialamt überweist grundsätzlich nur den Betrag an den Vermieter oder den Energieversorger, den es als angemessen anerkannt hat – auch wenn Ihre Unterkunftskosten unangemessen hoch sind. Für den Rest sind Sie zuständig. Wenn Sie diese Restbeträge nicht bezahlen, tragen Sie dafür die Verantwortung.

8. Übernahme von Mietschulden und Schulden für Energie und Wasser

Wenn Sie **Mietschulden** haben, **kann** das Sozialamt diese Schulden für Sie bezahlen, damit Sie Ihre Wohnung behalten können. Dies gilt, wenn Sie Leistungen für Unterkunft und Heizung bekommen. Das Sozialamt **soll** die Mietschulden übernehmen, falls Sie sonst obdachlos werden.

Zum Abzahlen von Mietschulden müssen Sie als erstes Ihr geschütztes Vermögen (siehe Kapitel 6) verwenden, wenn Sie welches haben.

ACHTUNG: Wenn Sie zwei Monatsmieten im Rückstand sind, kann Ihnen der Vermieter fristlos kündigen. Wenn Sie ihn nicht umstimmen können, sollten Sie umgehend bei Ihrem Sozialamt einen Antrag auf Übernahme der Mietschulden stellen.

Eine fristlose Kündigung können Sie abwenden, indem Sie **sofort** Ihre Mietschulden bezahlen – d.h. bevor oder gleich nachdem Sie die Kündigung bekommen haben.

TIPP: Auch wenn gegen Sie eine Räumungsklage bei Gericht eingegangen ist und Sie innerhalb von zwei Monaten nachzahlen, wird die Kündigung unwirksam.

Anders ist es, wenn Ihnen innerhalb der letzten 2 Jahre bereits einmal wegen Mietschulden fristlos gekündigt wurde – dann bleibt die fristlose Kündigung wirksam. In diesem Fall bezahlt das Sozialamt Ihre rückständigen Mieten nur, wenn der Vermieter die Kündigung zurückzieht.

Sie sollen auf keinen Fall obdachlos werden. Falls Ihnen dies droht, ist es **notwendig**, dass Ihre Mietschulden übernommen werden – allerdings **nicht** in diesen Fällen:

- Wenn Sie es von vornherein darauf abgesehen haben, dass das Sozialamt die Rückstände übernimmt – dafür muss es einen begründeten Verdacht geben.
- Wenn Ihre Miete unangemessen hoch ist und Sie deshalb umziehen sollen.
- Wenn Sie schon mehrmals mit Ihrer Miete im Rückstand waren.
- Wenn aus anderen Gründen der Verlust der Wohnung nicht zu verhindern ist.

Wenn Ihnen keine Obdachlosigkeit droht, hat das Sozialamt einen Ermessensspielraum bei der Entscheidung.

Die Übernahme von Mietschulden erfolgt in der Regel als **Darlehen**. Nur wenn Sie zugestimmt haben, kann das Sozialamt ein Darlehen wegen Mietschulden mit Ihrer Grundsicherung verrechnen. Sie können diese Zustimmung jederzeit zurückziehen – ohne Begründung.

Wenn Sie Grundsicherung bekommen, kann das Sozialamt auch bei **vergleichbaren Notlagen** Schulden für Sie übernehmen. Vergleichbare Notlagen sind:

- Wenn Sie die Heizkosten nicht gezahlt haben und Ihnen **Gas, Öl oder anderes Heizmaterial gesperrt** werden soll oder Ihnen eine **Kündigung** droht.

- Wenn Sie Gebühren für Wasser oder Abwasser nicht gezahlt haben und wenn Ihnen sonst das **Wasser abgestellt** wird.
- Wenn Sie Kosten für **Strom** nicht gezahlt haben und wenn sonst der Strom abgestellt wird. Das Sozialamt zahlt Stromschulden in jedem Fall, wenn Kinder im Haushalt leben. Leben Sie ohne Kinder, kann es anders entscheiden.

TIPP: Sprechen Sie in diesen Fällen zuerst mit dem Energieversorger und versuchen Sie eine Ratenzahlung zu vereinbaren – bevor Sie beim Sozialamt einen Antrag auf Übernahme dieser Rückstände stellen. Nur wenn eine solche Lösung nicht zustande kommt, haben Sie Aussicht, dass das Sozialamt die Schulden übernimmt.

Zum Abzahlen von Schulden für Wasser, Gas und Strom müssen Sie als erstes Ihr geschontes Vermögen (siehe Kapitel 6) verwenden, wenn Sie welches haben. Übernimmt das Sozialamt Schulden für Wasser und Energie, dann erfolgt dies meistens als **Darlehen**.

Damit sich diese Notlage nicht wiederholt, wird das Sozialamt in Zukunft die **Miete an den Vermieter direkt** bezahlen. Dieser Betrag wird von Ihren monatlichen Sozialleistungen abgezogen. Das gleiche gilt für die Zahlungen für Strom, Gas und Wasser.

Auch wenn Sie **keine laufende Grundsicherung** bekommen, haben Sie in diesen besonderen Notfällen Anspruch auf Sozialleistungen. Das gilt aber nur, wenn Sie diese Schulden nicht selbst von Ihrem Einkommen und Vermögen bezahlen können, auch nicht als Ratenzahlung. Bevor das Sozialamt einspringt, müssen Sie Ihr geschontes Vermögen (siehe Kapitel 6) verwenden.

9. Pauschalierung der Kosten der Unterkunft

In manchen Städten und Landkreisen bezahlt das Sozialamt einen festen Betrag für Miete und Nebenkosten – eine Pauschale. Wenn Sie diese Pauschale bekommen, kann Ihre Wohnung billiger oder teurer sein als die Pauschale – das können Sie selbst entscheiden. Eine Pauschale darf nur unter diesen Bedingungen eingeführt werden:

- Die Pauschalierung der Wohnkosten ist in dem Bundesland gesetzlich geregelt.
- Es gibt auf dem örtlichen Wohnungsmarkt genügend freie Wohnungen, die nicht zu teuer sind. Dies muss das Sozialamt nachweisen.
- Es muss geregelt sein, dass das Sozialamt im besonderen Einzelfall von der Pauschale abweichen darf.

Kapitel 5: Wie wird Einkommen angerechnet?

1. Das Prinzip

Rechtsgrundlage: §§ 43, 82 bis 84 SGB 12, Verordnung zur Durchführung des § 82 SGB 12

Grundsätzlich wird Ihr Einkommen auf die Grundsicherung angerechnet. Zu Ihrem Einkommen zählen Ihre gesamten Einnahmen. Daraus wird das anrechenbare Einkommen ermittelt – das heißt, dass bestimmte Beträge nicht angerechnet oder abgezogen werden.

In Ihrem Antrag müssen Sie alle Einnahmen angeben. Falsche Angaben führen zu Rückforderungen. Unter Umständen ziehen sie auch ein Bußgeld oder ein Strafverfahren nach sich.

Ihr **Bedarf** und Ihr **Einkommen** werden **miteinander verglichen**. Ist Ihr Einkommen höher als Ihr Bedarf, können Sie Ihren Lebensunterhalt selbst sichern. Sie sind dann nicht hilfebedürftig und erhalten keine laufende Grundsicherung. Eventuell haben Sie dann einen Anspruch auf Wohngeld. Es kann auch sein, dass Sie einmalige Leistungen der Grundsicherung bekommen können (siehe Kapitel 3 Abschnitte 6 und 7) – wenn Ihr Einkommen nur sehr wenig über Ihrem monatlichen Bedarf liegt. Ist Ihr Einkommen dagegen niedriger als Ihr Bedarf, haben Sie Anspruch auf laufende Grundsicherung. Sie bekommen den Betrag, der Ihnen am Bedarf fehlt.

BEISPIEL

1. Schritt
Der Bedarf an Grundsicherung wird ermittelt

2. Schritt
Das anrechenbare Einkommen wird ermittelt

Ergebnis
Wenn das anrechenbare Einkommen niedriger ist als der Bedarf, wird ergänzende Grundsicherung gezahlt.

Bedarf			
Regelbedarf	404 €		
Kaltmiete	300 €		
Heiz- und Nebenkosten	50 €		
Bedarf insgesamt	754 €	**754 €**	1. Schritt
Einkommen			
Witwenrente	500 €		
Eigene Altersrente	154 €		
Insgesamt	654 €	**– 654 €**	2. Schritt
Anspruch auf Grundsicherung		**100 €**	Ergebnis

2. Was ist Einkommen?

Einkommen sind **alle Einnahmen in Geld oder Geldeswert**. Dazu zählen Renten aus der gesetzlichen Rentenversicherung oder einer betrieblichen Altersversorgung, Zahlungen aus einer Lebensversicherung, Kindergeld, Einkommen aus einer Beschäftigung oder aus einem Ehrenamt, Zinseinnahmen. Selbst Geldgeschenke von Verwandten oder Freunden sind grundsätzlich Einkommen, das anzurechnen ist. Zum Einkommen gehören auch Sachleistungen, die Sie bekommen. Ein **kostenloses Essen** gehört zwar **nicht zum Einkommen** – in diesem Fall kann das Sozialamt allerdings 1,80 € pro Mittagessen von Ihrem Regelbedarf abziehen.

Zum Einkommen gehören auch **Unterhaltszahlungen**, die Sie tatsächlich erhalten. Wenn der Unterhaltspflichtige nicht mehr zahlt, fällt dieses Einkommen weg. Sie müssen keine Unterhaltsansprüche gegen Ihre Eltern oder Kinder stellen. Das Besondere an der Grundsicherung ist gerade, dass abgesehen von wenigen Ausnahmen Unterhalt nicht verlangt werden muss – siehe dazu Kapitel 7.

Es werden alle Einkommen berücksichtigt, die Sie erhalten, solange Ihre Grundsicherung bewilligt ist. Dazu gehören auch Zahlungen, die Sie nur einmal im Jahr bekommen.

Geld, das bei der Antragstellung bereits vorhanden ist, gilt als Vermögen (siehe Kapitel 6). Bis zu bestimmten Freibeträgen wird es geschont und nicht angerechnet.

3. Welches Einkommen wird nicht angerechnet?

Dieses Einkommen wird **nicht** auf die Grundsicherung angerechnet:

- die **Leistungen** der Grundsicherung selbst und alle anderen Leistungen **nach dem Sozialgesetzbuch 12**, wie beispielsweise Hilfe zur Pflege, Eingliederungshilfe für behinderte Menschen
- **Grundrente** nach dem Bundesversorgungsgesetz und entsprechende Leistungen etwa nach dem Opferentschädigungsgesetz, dem Soldatenversorgungsgesetz oder dem Bundesentschädigungsgesetz bis zur Höhe der Grundrente
- **Verletztenrente** aufgrund einer Schädigung in Ausübung der Wehrpflicht bei der Nationalen Volksarmee bis zur Höhe der Grundrente nach dem Bundesversorgungsgesetz
- Andere **Leistungen und Renten**, die wegen besonderer Schäden und nach Spezialgesetzen bezahlt werden (Beispiele: an Opfer des Nationalsozialismus, Opfer politischer Verfolgung in der ehemaligen DDR, durch Blutprodukte infizierte HIV-Erkrankte oder Hepatitis-C-Virus Erkrankte)
- Geld für **Kindererziehung** für Mütter, die vor 1921 geboren wurden
- **Pflegegeld**, das Sie selbst von der Pflegekasse bekommen
- Pflegegeld, das Ihnen ein **Pflegebedürftiger** aus seinem Pflegegeld gibt, weil Sie ihn pflegen
- Geld für die **Erziehung eines Pflegekindes** – dieser Teil des Geldes vom Jugendamt wird nicht als Ihr Einkommen berücksichtigt, das gilt auch für den darin enthaltenen Erziehungsbeitrag
- Leistungen der **Stiftung Mutter und Kind**
- **Geld von Wohlfahrtsverbänden**, wenn zusätzliche Grundsicherung nicht ungerechtfertigt wäre. Das gilt auch für kleinere finanzielle Zuwendungen eines Integrationsbetriebes eines Wohlfahrtsverbandes, wenn diese weniger als 60 € im Monat betragen (etwa als „Motivationsgeld")
- **Kindergeld** für ein minderjähriges Kind, das bei Ihnen lebt: Braucht das Kind das Kindergeld, um seinen Bedarf zu decken, dann wird es beim Kind angerechnet und nicht bei Ihnen
- Kindergeld für **Kinder außerhalb des Haushalts**, wenn es nachweisbar an sie weitergeleitet wird
- Schmerzensgeld
- **Ehrenamtliche oder nebenberufliche Tätigkeit.** Hier wird ein Betrag von bis zu 200 € monatlich nicht als Einkommen berücksichtigt. Es kann sich um eine Tätigkeit als Übungsleiter in einem Sportverein, um nebenberufliche Pflege im gemeinnützigen oder kirchlichen Bereich oder um eine Tätigkeit als Vormund oder Betreuer handeln. Diese Regelung gilt auch, wenn Sie Aufwandsentschädigungen bekommen, etwa im Rahmen eines politischen Mandats oder als Schöffe oder bei der freiwilligen Feuerwehr.
- **Zweckbestimmte Einnahmen** – das sind Einnahmen, die nicht für den Lebensunterhalt bestimmt sind. Die Grundlage für zweckbestimmte Einnahmen ist ein Gesetz, eine Verordnung oder eine Satzung – also eine öffentlich-rechtliche Vorschrift.
- **Rückerstattungen** von zu viel gezahltem Geld, etwa bei der Stromabrechnung – wenn Sie die monatlichen Raten für Strom aus dem Regelbedarf bezahlt hatten.
- bis zu 26 Euro Jährlich aus **Kapitaleinkünften** (Zinseinnahmen).

Schenkt Ihnen jemand freiwillig Geld, dann wird dieses Geld grundsätzlich als Einkommen gerechnet. Nur wenn es **besonders hart** für Sie wäre, soll das Sozialamt ein Geldgeschenk nicht anrechnen. Falls etwa Ihr Geldgeber Ihnen nichts mehr schenkt, wenn es als Einkommen angerechnet wird – das gilt als besonders hart.

Wenn Sie einen **Untermieter** haben, werden Ihre Mieteinnahmen mit Ihrer eigenen Miete verrechnet – sie zählen also nicht als Einkommen. Anders ist es, wenn die Wohnung oder das Haus Ihnen gehört und geschütztes Wohneigentum ist. In diesem Fall gelten Mieteinnahmen als Einkommen, wenn sie höher sind als die notwendigen Ausgaben (Zinsen, Nebenkosten usw.). Lassen Sie sich hierzu beraten.

4. Was wird vom Einkommen abgezogen?

Bevor Ihr Einkommen mit Ihrem Bedarf verglichen wird, werden bestimmte Beträge vom Einkommen abgezogen.

Abgezogen werden

- **Steuern**, die Sie auf das Einkommen bezahlt haben, auch die Kirchensteuer

- **Pflichtbeiträge zur Sozialversicherung**, also zur Kranken- und Pflegeversicherung, zur Rentenversicherung, zur Arbeitsförderung
- Beiträge zu öffentlichen oder privaten **Versicherungen**, wenn sie gesetzlich vorgeschrieben sind oder sinnvoll und nicht zu teuer sind (etwa eine private Haftpflichtversicherung, eine Hausratversicherung)
- Geförderte **Altersvorsorgebeiträge** bis zur Höhe des Mindestbeitrags (zum Beispiel die Riester-Rente)
- Beiträge zu einer **staatlich geförderten privaten Pflegeversicherung** bis zum Mindestbetrag von 60 € im Jahr
- **Werbungskosten** – das sind Ausgaben, die für Ihr Einkommen notwendig sind. Dazu gehören Fahrten zwischen Wohnung und Arbeitsstätte, Ausgaben für Arbeitsmittel, Beiträge zu Berufsverbänden, etwa der Gewerkschaft, usw. Es wird aber nicht so viel anerkannt wie bei der Einkommensteuer.
- Das **Arbeitsförderungsgeld** (26 € monatlich) für Beschäftigte in einer Werkstatt für behinderte Menschen und das von der Bundesagentur für Arbeit ausgezahlte **Ausbildungsgeld** für behinderte Menschen.

Wenn Sie als Rentner noch **erwerbstätig** sind, wird Ihr Arbeits-Einkommen nur zum Teil angerechnet. 30 % Ihres Einkommens werden abgezogen, bis zu einem Höchstbetrag von 202 €. Das ist so viel wie die Hälfte des Regelbedarfs für einen Alleinstehenden. Dieselbe Regelung gilt, wenn Sie voll erwerbsgemindert sind und weniger als drei Stunden täglich arbeiten. Dazu zwei Beispiele:

BEISPIELE

1) Monatliches Nettoeinkommen		500 €
Davon sind 30% (weniger als der Höchstbetrag):	150 €	
Abgezogen werden 30%		**– 150 €**
Angerechnetes Einkommen		350 €
2) Monatliches Nettoeinkommen		800 €
Davon sind 30% (mehr als der Höchstbetrag):	240 €	
Abgezogen wird der Höchstbetrag von 202 €		**– 202 €**
Angerechnetes Einkommen		598 €

Wenn Sie in einer **Werkstatt für behinderte Menschen** arbeiten, gilt eine andere Regelung. Zunächst sind 12,5 % des Regelbedarfs für einen Alleinstehenden ganz frei – das sind 50,50 €. Sie werden vom Einkommen abgezogen. Vom Rest werden nochmals 25 % abgezogen – hierfür gibt es keinen Höchstbetrag.

BEISPIEL für einen Beschäftigten in einer Werkstatt für behinderte Menschen

Monatliches Einkommen		280,00 €
Abgezogen werden:		
12,5% des Regelbedarfs (404 €):	50,50 €	– 50,50 €
Rest		229,50 €
Davon werden 25% abgezogen:	57,38 €	– 57,38 €
Insgesamt wird abgezogen	**107,88 €**	
Angerechnetes Einkommen		**172,12 €**

5. Wann werden laufende und einmalige Einnahmen angerechnet?

Alle laufenden monatlichen Einnahmen werden in dem **Monat** berücksichtigt, in dem sie **auf Ihrem Konto eingehen**. Das gilt für alle Zahlungen. Bei einem Einkommen aus eigener Arbeit kommt es daher nicht auf den Beschäftigungsmonat an – es zählt der Tag, an dem das Geld auf Ihrem Konto ist.

Eine **einmalige Einnahme** wird in dem Monat als Einkommen gewertet, in dem sie auf Ihrem Konto eingegangen ist. Ein Beispiel hierfür ist die Lohnsteuerrückzahlung. Der Betrag wird vollständig in diesem Monat als Einkommen angerechnet, wenn Sie trotzdem noch Anspruch auf ergänzende Grundsicherung haben. Ein größerer Betrag wird über mehrere Monate verteilt angerechnet.

Ist bereits am Anfang eines Monats Grundsicherung ausbezahlt worden, werden im Verlauf des weiteren Monats bezogene Einnahmen im Folgemonat als Einkommen angerechnet.

Kapitel 6: Habe ich trotz Vermögen Anspruch auf Grundsicherung?

Rechtsgrundlage: §§ 43, 90,91 SGB 12, Verordnung zur Durchführung des § 90 SGB 12

Wer aus seinem verwertbaren Vermögen seinen Lebensunterhalt sichern kann, ist nicht hilfebedürftig und erhält keine Grundsicherung.

1. Was ist Vermögen?

Unter Vermögen versteht man **Geld oder geldwerte Güter**. Dazu gehören Bargeld, Guthaben auf Konten, ein Auto, Schmuckstücke, Gemälde, Antiquitäten, eine Wohnung oder ein Haus und andere wertvolle Dinge. Zum Vermögen gehören auch auf Geld gerichtete Forderungen, Aktien, Gesellschaftsanteile und persönliche Rechte wie Nießbrauch und Urheberrechte.

Grundsätzlich wird unterschieden zwischen Vermögen und Einkommen:

- **Vermögen**, das sind die Werte und das Geld, die bei Antragstellung bereits vorhanden sind.
- **Einkommen**, das sind die Werte und das Geld, die während des Bedarfszeitraums dazu kommen.

Bei der Beurteilung von Vermögen ist wichtig, ob es **verwertbar** ist. Vermögen ist verwertbar, wenn es unmittelbar für den Lebensunterhalt eingesetzt oder nutzbar gemacht werden kann – etwa durch Verkauf, Verbrauch, Übertragung, Beleihung, Vermietung/Verpachtung. Nur verwertbares Vermögen kann angerechnet werden.

Nicht verwertbar sind Gegenstände, über die der Inhaber nicht frei verfügen darf – etwa weil sie gepfändet oder beschlagnahmt wurden oder wegen Insolvenz. Solange der Verbrauch oder die Verwertung nicht möglich sind, bleibt der Inhaber hilfebedürftig. Er bekommt die Grundsicherung in diesem Fall als **Darlehen**. Wenn Sie das Darlehen als Folge einer Entscheidung des Sozialamtes bekommen, müssen Sie darauf keine Zinsen bezahlen.

Nicht verwertbar ist auch eine Erbschaft, wenn der Verstorbene für sein behindertes Kind einen Nacherben eingesetzt hat. Dieses **Behindertentestament** wird anerkannt. Es sichert dem behinderten Menschen die Erbschaft. Geld oder Wertobjekte aus dieser Erbschaft sind nicht verwertbares Vermögen – sie werden nicht auf die Grundsicherung angerechnet.

2. Geschütztes Vermögen – was Ihnen möglichst bleiben soll

Viele Gegenstände müssen nicht eingesetzt werden – sie sind geschützt:

- Angemessener **Hausrat**. Angemessen heißt: Um Ihren Haushalt zu versorgen, sollen Sie in etwa gleich gut ausgestattet bleiben wie bisher – mit Ausnahme von Luxusgegenständen.
- **Familien- und Erbstücke**, wenn der Verkauf für Sie oder Ihre Familie eine besondere Härte wäre.
- Gegenstände, die Sie unbedingt für Ihre Arbeit brauchen oder für eine **Berufsausbildung**, die Sie beginnen oder fortsetzen.
- Gegenstände, die Sie für eine **wissenschaftliche oder künstlerische Arbeit** benötigen. Das dürfen allerdings keine Luxusgegenstände sein.
- Geld aus öffentlichen Mitteln – etwa Fördergelder –, um damit eine Existenz aufzubauen oder zu sichern oder um einen eigenen Haushalt zu gründen.
- Geld, mit dem Sie eine staatlich geförderte **zusätzliche private Altersvorsorge** für sich aufbauen – wie die Riester-Rente – und die Erträge daraus.
- Vermögen, mit dem Sie **bald** eine **angemessene Wohnung oder ein Haus** (siehe unten) **kaufen** wollen. Voraussetzung ist, dass Sie selbst oder ein mit Ihnen dort wohnender Angehöriger behindert, blind oder pflegebedürftig sind. Sie können das Vermögen auch dafür verwenden, die Wohnung behindertengerecht auszubauen. Als geschütztes Vermögen zählen hierfür zum Beispiel Bausparverträge, Geld aus einer Lebensversicherung oder auf einem Sparkonto – wenn es für den Kauf oder den Umbau des Hauses oder der Wohnung vorgesehen ist.

→ Selbst bewohnte Wohnung oder Haus von angemessener Größe

Auch ein eigenes Haus oder eine Eigentumswohnung zählen zum geschützten Vermögen – wenn Sie selbst oder zusammen mit Ihrem Ehe- oder Lebenspartner oder Angehörigen darin wohnen und wenn sie angemessen groß sind. Das gilt auch, wenn nur Ihr Ehe- oder Lebenspartner ohne Sie darin wohnt – etwa weil Sie in einem Heim leben – und er auch nach Ihrem Tod dort weiter leben soll. Ob eine Wohnung oder ein Haus angemessen ist, hängt vor allem davon ab, wie viele Personen dort wohnen – und von Ihrem Bedarf, wenn Sie zum Beispiel blind oder pflegebedürftig sind. Sehen Sie, was dabei bewertet wird:

- Die **Größe.** Für 4 Personen gelten bei einem Haus 130 m² Wohnfläche als angemessen, bei einer Eigentumswohnung 120 m². Für jede Person mehr oder weniger werden jeweils 20 m² hinzu gerechnet bzw. abgezogen. So ergeben sich zum Beispiel bei einem Einfamilienhaus für 2 Personen 90 m².
- Der **Zuschnitt** und die Ausstattung der Wohnung bzw. des Hauses.
- Die **Größe des Grundstücks**. In einer Stadt wird ein Grundstück von 250 m² bis 350 m² als angemessen angesehen, auf dem Land sind es bis zu 500 m². Es gilt als angemessen, was im Bebauungsplan festgelegt ist, selbst wenn dort höhere Werte stehen. Ein größeres Grundstück kann angemessen sein, wenn seine Größe für die Gegend üblich ist.
- Der **Wert** des Grundstücks und des Gebäudes bzw. der Wohnung. Es geht hier um den Verkehrswert. Der kann in einer Großstadt wie München völlig anders sein als in einem Dorf auf dem Lande.

Haben Sie zu viel eigenen Wohnraum, kann von Ihnen eine **teilweise Verwertung** verlangt werden. Das könnte bedeuten, dass Sie einen Teil des Grundstücks oder des Hauses verkaufen müssen oder einzelne Zimmer vermieten. Ist beides nicht möglich, kann Ihnen das Sozialamt die **Grundsicherung als Darlehen** bewilligen. Das Sozialamt kann in diesem Fall verlangen, dass zu seinen Gunsten eine Grundschuld oder eine Hypothek eingetragen wird. Wenn Sie das Darlehen als Folge einer Entscheidung des Sozialamtes bekommen, müssen Sie darauf keine Zinsen bezahlen.

Wenn Sie **geschütztes Vermögen verkaufen** und dann Bargeld haben, wird dieses grundsätzlich angerechnet.

3. Allgemeiner Freibetrag

Geschützt ist auch ein Freibetrag. Wie hoch Ihr Freibetrag ist, hängt davon ab, ob Sie allein oder mit anderen Personen zusammenleben und ob Sie besondere Behinderungen haben. Hier geht es nicht nur um Bargeld oder Geld auf einem Sparkonto, sondern auch um andere Geldwerte wie Sparbriefe oder Wertpapiere.

Freibeträge	
Für Sie selbst	2.600 €
Zusätzlich für Ihren Ehe- oder Lebenspartner	614 €
Zusätzlich für jede Person, für die Sie oder Ihr Ehe- oder Lebenspartner überwiegend den Unterhalt zahlen	256 €
Für Ihren Ehe- oder Lebenspartner, wenn Sie beide blind oder sehr schwer behindert sind	1.534 € (anstelle von 614 € für den Partner)

4. Keine Anrechnung von verwertbarem Vermögen im Härtefall

Ihr verwertbares Vermögen wird angerechnet, wenn es für Sie und Ihre unterhaltsberechtigten Angehörigen zumutbar ist. Das wird zunächst geprüft. Wenn es für Sie eine Härte wäre, muss das Sozialamt nicht verlangen, dass Sie Ihr ganzes Vermögen verwerten.

Zum **Beispiel** in diesen Härtefällen kann auf die Verwertung verzichtet werden:

- wenn Sie dadurch keine **angemessene Alterssicherung** aufbauen könnten,
- wenn Sie Geld zurückgelegt haben für die eigene **Bestattung** und die Grabpflege – in besonderen Fällen brauchen Sie dieses Geld nicht als Vermögen zu verwerten,
- wenn die Verwertung sehr unwirtschaftlich wäre,
- wenn das Vermögen aus Nachzahlungen aus einer Entschädigungsrente besteht,
- wenn Sie etwa einen Teil Ihrer Grundrente angespart haben – denn die Grundrente wird selbst nicht auf die Grundsicherung angerechnet (siehe Kapitel 5 Abschnitt 3).

Es gilt **nicht als Härte**,

- wenn Sie das von Ihnen erarbeitete Vermögen nicht an Ihre Kinder vererben können – auch wenn das Ihr dringender Wunsch ist,

- wenn Sie durch die Verwertung einen erheblichen Teil Ihres Vermögens verlieren – etwa beim Rückkauf einer Lebensversicherung.

TIPP: Wenn die Verwertung Ihres Vermögens eine Härte bedeutet und Sie deshalb Grundsicherung bekommen, dann müssen Sie sie nicht zurückzahlen. Das Sozialamt darf sie Ihnen dann nicht als Darlehen bewilligen. Sollte das bei Ihnen so sein, legen Sie gegen diese Entscheidung Widerspruch ein (siehe Kapitel 12).

5. Anrechnung des verwertbaren Vermögens

Solange Sie verwertbares Vermögen haben, gelten Sie nicht als bedürftig. Ihr **Antrag auf Grundsicherung** wird also **abgelehnt**.

Sie müssen das Vermögen soweit aufbrauchen, bis davon nur Ihr Freibetrag übrig ist (siehe Abschnitt 3). Dann können und müssen Sie einen neuen Antrag auf Grundsicherung stellen. Das Sozialamt kann Ihnen nicht vorschreiben, wie lange Ihr Vermögen ausreichen muss. Sie können es zum Beispiel für Möbel oder Haushaltsgeräte oder einen Urlaub ausgeben. Sie dürfen es allerdings nicht vorsätzlich oder grob fahrlässig verschleudern und sich dadurch bedürftig machen (siehe Kapitel 1 Abschnitt 6).

Das Sozialamt kann von Ihnen verlangen, dass Sie wertvolle Gegenstände verkaufen. Das gilt aber nur, wenn Sie nach dem Verkauf insgesamt einen Geldbetrag haben, der über Ihrem Freibetrag liegt. Dabei zählt das Barvermögen mit, was sie schon vorher hatten. Zum Beispiel müssen Sie ein gebrauchtes Auto nicht verkaufen, wenn es nur noch wenig wert ist.

Kapitel 7: In welchen Fällen muss Grundsicherung zurückgezahlt werden und von wem?

1. Wann muss ich Grundsicherung zurückzahlen?

Rechtsgrundlage: §§ 43, 93, 102 bis 105 SGB 12, §§ 45 bis 50 SGB 10

Grundsätzlich müssen Sie Grundsicherung **nicht zurückzahlen**.

Anders ist es, wenn Sie im Antrag **falsche Angaben** gemacht haben, wenn Sie zum Beispiel Einkommen oder Vermögen verschwiegen haben. Dann darf das Sozialamt den Bewilligungsbescheid aufheben und zu viel gezahlte Leistungen zurück fordern.

Vor einer solchen Rückforderung muss das Sozialamt Sie **anhören**. Dabei müssen Sie vollständige und richtige Angaben über Ihre Einkommens- und Vermögensverhältnisse machen.

Sie müssen dem Sozialamt umgehend **mitteilen**, wenn Ihr Einkommen oder Vermögen gestiegen ist. Es kann sein, dass Sie dann keinen Anspruch auf Grundsicherung mehr haben. Dies gilt allerdings erst ab dem Monat, in dem Sie mehr Geld haben – zum Beispiel durch zusätzliches Einkommen oder verringerte Miete.

Wenn das **Sozialamt** die Grundsicherung **falsch berechnet** hat, darf es den Bescheid aufheben. Dies darf sich grundsätzlich nur für die Zukunft auswirken.

Das Sozialamt darf keine Leistungen aus der Vergangenheit zurückfordern, wenn es allein für die falsche Berechnung verantwortlich ist. Haben Sie aber im Antrag falsche Angaben gemacht oder darüber hinweggesehen, dass Sie offensichtlich zu hohe Leistungen vom Sozialamt bekommen haben, dann kann das Sozialamt Leistungen zurückfordern. Weil die Regelungen für die Bewilligung so kompliziert sind, passiert dies wohl nur sehr selten.

Manchmal besteht ein Anspruch auf Grundsicherung, obwohl ein Vermögen vorhanden ist – wenn zum Beispiel eine Wohnung oder ein Haus schlecht zu verkaufen sind. Das Vermögen ist dann nicht gleich verwertbar. In diesem Fall wird Grundsicherung als **Darlehen** bewilligt. Dieses Darlehen muss zurückgezahlt werden.

2. Unterhaltspflichten von Kindern

Grundsätzlich müssen Kinder ihre Eltern unterstützen. Genauso wie Eltern den Unterhalt für ihre Kinder bezahlen müssen, so gilt dies auch umgekehrt. Kinder sind ihren Eltern gegenüber unterhaltspflichtig.

Wenn Ihre Kinder Ihnen Unterhalt zahlen, müssen Sie den als Einkommen angeben. Je mehr Unterhalt Sie bekommen, desto weniger Grundsicherung steht Ihnen zu. Wie Einkommen angerechnet wird: siehe Kapitel 5.

Wenn Sie keinen Unterhalt von Ihren Kindern bekommen, können Sie von ihnen Unterhalt verlangen oder sie sogar auf Unterhalt verklagen – Sie müssen das aber nicht. Das Sozialamt kann Sie nicht dazu zwingen. Darin unterscheidet sich die Grundsicherung von der Hilfe zum Lebensunterhalt: Es muss **kein Unterhalt von den Kindern eingefordert** werden.

Auch das Sozialamt darf von Ihren Kindern keinen Unterhalt einfordern.

Von diesem Grundsatz gibt es aber eine **Ausnahme**: Wenn ein Kind **mehr als 100.000 € jährlich an steuerpflichtigem Einkommen** hat, erhalten Sie keine Grundsicherung. Steuerpflichtiges Einkommen ist das Bruttoeinkommen, von dem Sozialabgaben, Werbungskosten, außergewöhnliche Belastungen, Sonderausgaben und Freibeträge abgezogen wurden.

Das Sozialamt geht davon aus, dass kaum ein Kind mehr als 100.000 € jährlich steuerpflichtiges Einkommen verdient. Es darf deshalb nicht jeden Antragsteller danach fragen, wie viel seine Kinder verdienen. Das Sozialamt darf aber danach fragen, ob eines Ihrer Kinder vermutlich über 100.000 € jährlich verdient. In diesem Fall muss Ihr Kind dann genaue Angaben zu seinem Einkommen machen. Dazu muss es auch Unterlagen wie Verdienstbescheinigung oder Steuerbescheid vorlegen. Stellt sich heraus, dass Ihr Kind mehr als 100.000 € verdient, haben Sie keinen Anspruch auf Grundsicherung.

In diesem Fall müssen Sie von Ihrem Kind Unterhalt verlangen. Solange Sie den nicht bekommen, haben Sie Anspruch auf Hilfe zum Lebensunterhalt vom Sozialamt. Während dieser Zeit kann das Sozialamt für Sie Unterhalt von Ihrem Kind einfordern.

3. Unterhaltspflicht der Eltern

Eltern müssen grundsätzlich ihre Kinder unterstützen. Es kann daher sein, dass Sie von Ihren Eltern Unterhalt verlangen müssen, wenn diese sehr gut verdienen. Hierfür gelten dieselben Regeln wie oben beschrieben, siehe Abschnitt 2. Das bedeutet, dass Unterhalt von dem Elternteil verlangt werden kann, der mehr als 100.000 € jährliches steuerpflichtiges Einkommen verdient. Eventuelle Einkommen beider Eltern dürfen also bei der Ermittlung dieser Grenze **nicht zusammen gerechnet** werden.

4. Unterhaltspflicht von Ehepartnern und eingetragenen Partnern

Wenn Sie als Ehepaar oder mit Ihrem eingetragenen Partner zusammen leben, muss Ihr Partner sein Einkommen und Vermögen mit angeben. Es wird direkt auf Ihre Grundsicherung angerechnet. Sie sind dann eine **Einsatzgemeinschaft** – siehe Kapitel 8. Dasselbe gilt für eine eheähnliche oder partnerschaftsähnliche Gemeinschaft.

Sie bilden keine Einsatzgemeinschaft mehr, wenn Sie getrennt leben und kein Paar mehr sind oder schon geschieden sind. Es kann dennoch sein, dass Sie Anspruch auf Unterhalt haben – das hängt ab vom Scheidungsurteil oder von der Trennungsvereinbarung. Diesen **Unterhalt** müssen Sie einfordern. Er wird als Einkommen **auf Ihre Grundsicherung angerechnet**, sobald Sie ihn bekommen.

Solange Sie den Unterhalt nicht erhalten, haben Sie Anspruch auf Grundsicherung. Das Sozialamt lässt sich für diese Zeit die Grundsicherung vom unterhaltspflichtigen Ex-Partner erstatten.

5. Muss Grundsicherung von den Erben zurückgezahlt werden?

Sie haben vielleicht schon gehört, dass manchmal Erben Sozialhilfe zurückzahlen müssen. Das stimmt auch – aber nicht in jedem Fall.

Für die Grundsicherung im Alter und bei voller Erwerbsminderung gilt das nicht – sie muss **in keinem Fall** von Ihren Erben zurückgezahlt werden.

6. Rückforderung von Geschenken

Sie bekommen keine Grundsicherung, wenn Sie Ihr Vermögen verschenken und dann hilfebedürftig werden (siehe Kapitel 1 Abschnitt 6). **Verschenktes Vermögen** können Sie **zehn Jahre lang zurückfordern** – das ist Ihr Recht und das Sozialamt verlangt dies von Ihnen. Allerdings schafft das nicht jeder. In diesem Fall zahlt das Sozialamt Grundsicherung und fordert die Kosten von den Beschenkten zurück.

Dieses Recht besteht nur dann, wenn der Beschenkte auch nach der Rückforderung genug für seinen eigenen Lebensunterhalt hat und keine Sozialhilfe braucht.

7. Eintreiben von Forderungen

Sie haben deswegen nicht genug zum Leben, weil jemand Ihnen noch Geld schuldet und nicht zahlt? Sie erhalten Grundsicherung, wenn Sie Ihr Geld nicht selbst eintreiben können. Das Sozialamt darf dann das Geld bei denen eintreiben, die Schulden bei Ihnen haben.

8. Rückzahlung bei schuldhaftem Verhalten

Wenn Sie Ihre Hilfebedürftigkeit schuldhaft – das heißt **vorsätzlich oder grob fahrlässig** – herbeigeführt haben, dann haben Sie keinen Anspruch auf Grundsicherung. Stellt sich dies erst heraus, während Sie Grundsicherung bekommen, müssen Sie die bereits erhaltene Grundsicherung zurück zahlen. Angenommen wird dies, wenn Sie Ihr Geld vertrunken, verspielt, verjubelt haben. Haben Sie allerdings Ihr Geld zum Beispiel wegen einer krankhaften Spielsucht verloren, dann haben Sie nicht schuldhaft gehandelt.

Kapitel 8: Ich lebe mit anderen zusammen in einem Haushalt – wie wirkt sich das aus?

1. Wird das Einkommen meines Partners angerechnet?

Rechtsgrundlage: § 43 SGB 12

Wenn zwei erwachsene Personen als Paar zusammen wohnen, gelten sie als **Einsatzgemeinschaft** – egal ob sie verheiratet bzw. verpartnert sind oder nicht. Sie müssen sich gegenseitig versorgen und in schwierigen Lagen **ihr Einkommen und Vermögen füreinander einsetzen**. Beim Berechnen der Grundsicherung wird daher das Einkommen und Vermögen beider Partner angerechnet.

Typische Beispiele für Einsatzgemeinschaften von zwei Erwachsenen sind:

- **Verheiratete Ehepartner**, die zusammen in einer Wohnung leben. Sie bleiben weiterhin eine Einsatzgemeinschaft, auch wenn sie für kürzere oder längere Zeit getrennt leben – etwa weil ein Ehepartner im Krankenhaus liegt oder in einem Pflegeheim lebt und dort versorgt wird.
- Für zwei Männer oder zwei Frauen in einer **eingetragenen Lebenspartnerschaft** – für sie gilt dasselbe wie für Ehepartner.
- Zwei Erwachsene, die als Paar zusammenleben, ohne dass sie verheiratet oder verpartnert sind. Für sie gilt das gleiche wie für Ehepartner, wenn sie eine **eheähnliche oder lebenspartnerschaftliche Gemeinschaft** sind. Das wird in diesen Fällen angenommen:
  - Sie leben länger als ein Jahr zusammen. Oder:
  - Sie leben mit einem gemeinsamen Kind zusammen. Oder:
  - Sie versorgen Kinder und Angehörige im Haushalt. Oder:
  - Sie dürfen über das Einkommen und Vermögen des Partners verfügen.

ACHTUNG: Natürlich können zwei Erwachsene länger als ein Jahr zusammen in einer Wohnung leben und kein Paar sein – dies muss aber erkennbar sein. Sie sind dann keine Einsatzgemeinschaft und müssen sich nicht gegenseitig unterstützen.

Allerdings müssen sie dem Sozialamt erklären, warum sie keine Einsatzgemeinschaft sind. Es reicht nicht, dies einfach zu behaupten, sondern sie müssen gute Gründe dafür nennen. In diesen Fällen gelten sie nicht als Einsatzgemeinschaft:

- Jeder von ihnen führt seinen Haushalt selbst.
- Jeder kauft für sich ein oder kocht nur für sich.
- Jeder wäscht seine Wäsche selbst.
- Es gibt keine gemeinsam angeschafften Möbel oder Hausrat.
- Jeder gestaltet sein Leben im Wesentlichen unabhängig vom Anderen.

Beispiele für zusammenlebende Personen, die **keine Einsatzgemeinschaft** sind:

Eheleute, die **getrennt leben** – sie sind kein Paar mehr und haben keinen gemeinsamen Haushalt mehr. Nach außen muss sichtbar sein, dass der eine Ehepartner nicht mehr mit dem anderen zusammen leben will – darauf kommt es an. Wenn sie nicht auseinander ziehen, muss mindestens eine räumliche Trennung zu erkennen sein.

Wenn Sie mit einem oder beiden **Elternteilen, mit Geschwistern oder mit erwachsenen Kindern** zusammen leben, bilden Sie keine Einsatzgemeinschaft.

Wenn ein **behinderter Erwachsener bei seinen Eltern** wohnt – im gemeinsamen Haushalt –, sind sie dennoch zusammen keine Einsatzgemeinschaft. Er bekommt in diesem Fall den Regelbedarf für einen Alleinstehenden in Höhe von 404 €. Wenn ihr Kind allerdings nichts zur Haushaltsführung beiträgt, verringert sich der Regelsatz auf 324 € – siehe Kapitel 8, Abschnitt 4b.

2. Was bedeutet es, eine Einsatzgemeinschaft zu sein?

In einer Einsatzgemeinschaft rechnet das Sozialamt bei der Grundsicherung auch das Einkommen und Vermögen des Partners an – wenn es höher ist als sein eigener Bedarf. Sehen Sie dies am Beispiel:

BEISPIEL

Die Eheleute Wolf leben zusammen in einer Wohnung (Kaltmiete 470 €, Heizkosten 50 €; insgesamt 520 €). Herr Wolf bekommt eine monatliche Altersrente (950 €). Weil davon die Beiträge zur Kranken- und Pflegeversicherung (91,44 €) abgezogen werden, bekommt er 858,56 € ausgezahlt. Er ist pflegebedürftig und hat einen Schwerbehindertenausweis mit dem Merkzeichen G. Frau Wolf bekommt auch eine Altersrente (190 €) und ist als Familienmitglied bei ihrem Mann gesetzlich kranken- und pflegeversichert. Als Vermögen haben sie ein Sparbuch mit 1.000 €. Frau Wolf stellt einen Antrag auf Grundsicherung.

So rechnet das Sozialamt:

Bedarf Frau Wolf		
Regelbedarf (Person in einer Ehe)	364,00 €	
Kostenanteil für Wohnen und Heizung (die Hälfte von 520 €)	260,00 €	
Bedarf insgesamt	624,00 €	624,00 €
Einkommen Frau Wolf		
Altersrente	190,00 €	– 190,00 €
Anspruch auf Grundsicherung (So viel fehlt Frau Wolf an ihrem Bedarf)		**434,00 €**
Einkommen Herr Wolf		
Altersrente	858,56 €	858,56 €
Bedarf Herr Wolf		
Regelbedarf (Person in einer Ehe)	364,00 €	
Mehrbedarf für eine schwerbehinderte Person mit Merkzeichen G	61,88 €	
Kostenanteil für Wohnen und Heizung (die Hälfte von 520 €)	260,00 €	
Bedarf insgesamt	685,88 €	– 685,88 €
Einkommen, das über seinem Bedarf liegt		**172,68 €**
Ergänzende Grundsicherung für Frau Wolf		
Anspruch auf Grundsicherung Frau Wolf (siehe oben)		434,00 €
Anrechenbares Einkommen des Ehemannes		– 172,68 €
Frau Wolf bekommt ausgezahlt		**261,32 €**
Insgesamt stehen dem Ehepaar Wolf damit zur Verfügung:		
Rente Herr Wolf		858,56 €
Rente Frau Wolf		190,00 €
Ergänzende Grundsicherung im Alter		261,32 €
Insgesamt		1.309,88 €

Der Bescheid des Sozialamts geht nur an Frau Wolf. Herr Wolf bekommt keine Grundsicherung, weil sein Einkommen über seinem Bedarf liegt.

Pflegegeld wurde in diesem Beispiel nicht berücksichtigt, weil es bei der Grundsicherung nicht als Einkommen angerechnet wird (siehe Kapitel 5 Abschnitt 3).

Das **Vermögen** von 1.000 € ist niedriger als die Freibeträge (siehe Kapitel 6 Abschnitt 3), deshalb wird es nicht angerechnet. Bei der Grundsicherung wird nur das Vermögen angerechnet, das über den Freibeträgen liegt (siehe Kapitel 6 Abschnitt 5).

3. Wie wird gerechnet, wenn mein Ehe- oder Lebenspartner erwerbstätig oder arbeitslos ist?

Wenn Sie selbst Anspruch auf Grundsicherung haben, wird das Einkommen Ihres **Ehe- oder Lebenspartners** genauso wie in dem obigen Beispiel angerechnet – egal ob es eine Rente ist oder ein Einkommen aus Erwerbsarbeit. Von einem Einkommen aus Arbeit werden Freibeträge, Werbungskosten, Steuern und Beiträge zur Sozialversicherung abgezogen, bevor es angerechnet wird (siehe Kapitel 5 Abschnitt 4).

Wenn Ihr **Ehe- oder Lebenspartner arbeitslos** aber erwerbsfähig ist, bekommt er eventuell **Arbeitslosengeld 1** nach dem Sozialgesetzbuch 3. Das Arbeitslosengeld 1 und andere Leistungen nach dem Sozialgesetzbuch 3 zählen ebenfalls als Einkommen und werden genauso angerechnet, wie im obigen Beispiel.

Auch wenn Ihr Partner **Arbeitslosengeld 2** nach dem Sozialgesetzbuch 2 bekommt, bleiben Sie eine Einsatzgemeinschaft. In diesem Fall wird aber das Arbeitslosengeld 2 nicht als Partnereinkommen berücksichtigt. Wenn Ihr Partner Arbeitslosengeld 2 bekommt, kann Ihre Leistung auf Grundsicherung nach dem SGB 12 nicht deshalb verringert werden. Manche Leistungen und Freibeträge nach dem Sozialgesetzbuch 2 sind höher als bei der Grundsicherung. Ein typisches Beispiel: Ihr Partner verdient durch seine Arbeit wenig und bekommt ergänzend Arbeitslosengeld 2. Die Freibeträge auf das Arbeitseinkommen sind beim Arbeitslosengeld 2 höher als bei der Grundsicherung. Insgesamt hat Ihr Partner dann ein Einkommen, das höher ist als sein Bedarf bei der Grundsicherung im Alter und bei voller Erwerbsminderung. Dennoch darf dieser Teil seines Einkommens nicht bei Ihnen angerechnet werden. Die Berechnung der Grundsicherungsleistungen nach dem SGB 12 darf nämlich nicht dazu führen, dass Ihrer Einsatzgemeinschaft Leistungen gekürzt werden, die Ihrem Partner nach dem SGB 2 zustehen.

ACHTUNG: Auch die **Freibeträge auf das Vermögen** sind beim Arbeitslosengeld 2 viel höher als bei der Grundsicherung. Beim Arbeitslosengeld 2 ist der Freibetrag für zwei Mitglieder der Bedarfsgemeinschaft mindestens 6.200 €, bei der Grundsicherung nur 3.214 €. Wenn Ihr arbeitsloser Partner Arbeitslosengeld 2 bekommt und auf seinem Sparbuch bis zu 6.200 € hat, darf deshalb Ihr Anspruch auf Grundsicherung nicht gekürzt werden. Der Freibetrag verringert sich erst auf 3.214 €, wenn Sie beide Grundsicherung im Alter oder Erwerbsminderung bekommen.

4. Zusammenwohnen mit Personen, die nicht Mitglied der Einsatzgemeinschaft sind

Vielleicht wohnen Sie zusammen mit Menschen, mit denen Sie keine Einsatzgemeinschaft bilden, beispielsweise

- mit eigenen Kindern
- mit anderen Verwandten, mit Eltern oder Geschwistern, Onkel oder Tanten, Nichten oder Neffen
- mit Freunden in einer reinen Wohngemeinschaft.

Wie wird in diesem Fall die Grundsicherung berechnet? Welche Leistungen gibt es für Kinder?

a) Mit eigenen Kindern zusammen leben

Kinder können **eigenes Einkommen** haben, das ihren Lebensunterhalt sichert. Dazu gehören zum Beispiel **Unterhaltszahlungen** des Vaters oder der Mutter. Diese Leistungen bleiben beim Kind – sie zählen nicht zu Ihrem Einkommen und werden daher nicht auf Ihre Grundsicherung angerechnet. Dasselbe gilt für **Kindergeld** – solange Ihr Kind unter 18 Jahre alt ist.

Wenn Ihr Kind allerdings im Jahr 100.000 € oder mehr verdient, haben Sie keinen Anspruch mehr auf Grundsicherung (siehe Kapitel 7 Abschnitt 2).

b) Sozialleistungen für Kinder

Minderjährige Kinder bekommen keine Grundsicherung. Unterhaltszahlungen und Kindergeld reichen allerdings nicht immer aus für den Lebensunterhalt eines Kindes. Prüfen Sie dann diese Möglichkeiten:

- Wenn Sie alleinerziehend sind: Hat mein Kind bis zu seinem 12. Geburtstag einen Anspruch auf **Unterhaltsvorschuss**?
- Hat mein Kind Anspruch auf **Wohngeld**?
- Kann mein Kind **Hilfe zum Lebensunterhalt** nach dem Sozialgesetzbuch 12 bekommen, bis es 14 Jahre alt ist?

Bei Ihrem Sozialamt erfahren Sie, wo Sie einen Antrag auf diese Leistungen stellen können.

Wenn Ihr Kind 15 Jahre oder älter ist, gilt es als erwerbsfähig – auch wenn es noch zur Schule geht. In diesem Fall müssen Sie für Ihr Kind einen Antrag auf **Arbeitslosengeld 2** stellen – bei Ihrem Jobcenter.

Ist Ihr **Kind behindert** – und deshalb nicht voll erwerbsfähig – und unter 18 Jahre alt, hat es einen Anspruch auf Hilfe zum Lebensunterhalt nach dem Sozialgesetzbuch 12. Der Regelbedarf für ein Kind ist niedriger als für einen Erwachsenen und richtet sich nach dem Alter. Als behindert gilt, wer sich so sehr von Gleichaltrigen unterscheidet, dass er am Leben in der Gesellschaft nicht voll teilhaben kann. Damit ist gemeint, dass sein Körper oder sein Denken anders funktionieren oder er mit anderen Gefühlen lebt.

Ab dem 18. Geburtstag hat Ihr behindertes Kind einen Anspruch auf Grundsicherung, wenn es dauerhaft voll erwerbsgemindert ist. Wenn Sie mit Ihrem erwachsenen behinderten Kind gemeinsam in einer Wohnung leben ist davon auszugehen, dass Sie den Haushalt gemeinsam mit Ihrem behinderten Kind führen. Das gilt auch, wenn Sie Ihr Kind zur eigenständigen Haushaltsführung anleiten müssen. In diesem Fall erhält das erwachsene behinderte Kind den Regelsatz von 404,00 €. Nur wenn Ihr Kind überhaupt nichts zur Haushaltsführung beiträgt, verringert sich der Regelsatz auf 324,00 €. Das muss Ihnen aber das Sozialamt nachweisen. Sowohl für die Hilfe zum Lebensunterhalt als auch für die Grundsicherung ist das Sozialamt zuständig.

Wenn Sie Kindergeld für Ihr **volljähriges Kind** erhalten, wird dieses Kindergeld bei Ihnen als Einkommen angerechnet (siehe Kapitel 5 Abschnitt 2). Das gilt auch, wenn Ihr volljähriges Kind selbst Anspruch auf Grundsicherung hat, etwa weil es behindert ist. Wie in diesem Fall die Kosten für das Wohnen für Ihr Kind berechnet werden, siehe Kapitel 4 Abschnitt 1 f.

Anders ist es, wenn Ihr volljähriges Kind **nicht in Ihrem Haushalt** lebt: Wenn Sie dann das Kindergeld gleich weitergeben an Ihr Kind, dann wird das Kindergeld bei Ihrem Kind als Einkommen angerechnet und nicht bei Ihnen. Sie müssen nachweisen können, dass Sie das Kindergeld weitergeben.

c) Zusammen leben mit anderen Verwandten: Eltern oder Geschwistern, Onkel oder Tanten, Neffen oder Nichten

Eine Einsatzgemeinschaft bilden Sie nur mit der Person, mit der Sie ein Paar sind (siehe Abschnitt 1). Für andere Personen in Ihrem Haushalt – auch Verwandte – gilt das nicht. Deren Einkommen und Vermögen kann nicht auf Ihre Grundsicherung angerechnet werden.

Um Ihre **Kosten für das Wohnen** zu berechnen – also Miete, Nebenkosten und Heizkosten –, werden die Gesamtkosten durch die Zahl der Bewohner **geteilt**. Ihr Kostenanteil für das Wohnen zählt zu Ihrem Bedarf. Genauso errechnet das Sozialamt Ihren Anteil an den laufenden Kosten für Strom, Gas, Wasser, Müllabfuhr usw.

Sie bekommen in diesem Fall den Regelbedarf für einen Alleinstehenden, also 404 €. Entscheidend ist, dass Sie einen eigenen Haushalt führen. Wenn Sie als erwachsene Person mit im Haushalt der Verwandten leben – und keinen eigenen Haushalt führen –, bekommen Sie 324 € als Regelbedarf.

Leben Sie jedoch mit einer oder einem Verwandten in einer eheähnlichen Gemeinschaft – etwa mit einer Nichte oder einem Neffen –, bilden Sie eine Einsatzgemeinschaft. Dann gelten die Regelungen dafür – siehe Abschnitt 1 in diesem Kapitel.

d) Reine Wohngemeinschaft – mit Freunden zusammen leben

Eine reine Wohngemeinschaft mit Freunden ist keine Einsatzgemeinschaft. Sie führen dort einen eigenen Haushalt und haben Anspruch auf den Regelbedarf von 404 € für Alleinstehende. Die Kosten für das Wohnen werden auf die Bewohner aufgeteilt (siehe oben).

Kapitel 9: Kann ich auch Eingliederungshilfe für behinderte Menschen bekommen?

Rechtsgrundlage: §§ 53 ff SGB 12

Eingliederungshilfe sind verschiedene Leistungen der Sozialhilfe, extra **für Menschen mit Behinderungen**. Sie ist gedacht für Menschen, die eine wesentliche Behinderung haben und deswegen

- nicht auf dem allgemeinen Arbeitsmarkt arbeiten können oder
- nicht selbstständig allein oder mit anderen zusammenleben können.

Typische Leistungen der Eingliederungshilfe sind die Beschäftigung in einer Werkstatt für Menschen mit Behinderungen oder in ähnlichen Einrichtungen, Fahrdienste, Angebote zur Betreuung und – ganz wichtig – verschiedene Wohnangebote für Menschen mit Behinderungen: Einzelwohnen, Betreutes Wohnen, Wohnheim.

1. Unterschied zwischen Eingliederungshilfe und Grundsicherung

Die **Grundsicherung** im Alter und bei dauerhafter voller Erwerbsminderung soll Ihren Lebensunterhalt absichern (siehe Kapitel 1). Die **Eingliederungshilfe** soll die Nachteile ausgleichen, die Sie durch Ihre Behinderung haben – wenigstens zum Teil. Daher können die beiden Leistungen nebeneinander bewilligt werden.

Auch bei der Eingliederungshilfe wird Ihr Einkommen angerechnet, allerdings anders als für die Grundsicherung (siehe Kapitel 5). Es gibt eine **Obergrenze** – wenn Ihr Einkommen darüber liegt, erhalten Sie nicht die volle Eingliederungshilfe oder gar keine. Wenn Sie Grundsicherung erhalten, liegt Ihr Einkommen in jedem Fall unter der Obergrenze – Sie können dann also zusätzlich Eingliederungshilfe erhalten.

Die **Obergrenze für das Einkommen** ist zweimal der Regelbedarf für einen Alleinstehenden, dazu die Miete mit Nebenkosten (Kaltmiete, ohne Heizkosten).

Hier ein **Beispiel**:

Regelbedarf von 404 € mal 2	808 €
Miete und Nebenkosten	350 €
Obergrenze für das Einkommen	1.158 €

Zur Eingliederungshilfe gehören auch Leistungen, bei denen das Einkommen nicht angerechnet wird – wie etwa die Beschäftigung in einer Werkstatt für Menschen mit Behinderungen. Bei der Berechnung der Eingliederungshilfe spielen viele Dinge eine Rolle – wir können sie hier nicht alle aufzählen.

BERATUNG: Lassen Sie sich daher beraten: bei einer Selbsthilfeorganisation für Menschen mit Behinderungen oder beim Sozialamt.

Wenn Sie in einem Heim für behinderte Menschen leben, wird Ihr Einkommen anders angerechnet (siehe Kapitel 11).

Das **Einkommen und Vermögen Ihrer Eltern** spielt bei der Eingliederungshilfe **keine Rolle**. Es darf nicht angerechnet werden. Ihre Eltern müssen allerdings etwas zuzahlen: einen **Unterhaltsbeitrag** in Höhe von 32,08 €. Davon können sie befreit werden, wenn sie nur wenig Einkommen und Vermögen haben. Ihre Eltern brauchen in jedem Fall nichts zu zahlen, wenn sie selbst Grundsicherung oder Hilfe zum Lebensunterhalt bekommen. Ob und wie viel Ihre Eltern zuzahlen müssen, wird im Einzelfall entschieden.

BERATUNG: Lassen Sie sich dazu durch eine Selbsthilfeorganisation für Menschen mit Behinderungen oder das Sozialamt beraten.

2. Ich wohne bei meinen Eltern

Sie haben vielleicht gehört, dass das Einkommen und Vermögen der Eltern angerechnet wird, wenn Kinder noch bei ihnen leben und einen Antrag auf Sozialleistungen stellen. Bei der Grundsicherung ist das nicht so.

Volljährige Kinder bilden mit ihren Eltern keine Einsatzgemeinschaft. Deshalb wird das **Einkommen und Vermögen der Eltern nicht angerechnet**. Die meisten führen einen eigenen Haushalt, auch wenn sie noch im Haushalt der Eltern leben. Sie haben dann Anspruch auf einen Regelbedarf von 404 € – siehe Kapitel 8, Abschnitt 4b.

Die Kosten für das Wohnen werden unter den Bewohnern nach Köpfen aufgeteilt (siehe Kapitel 4 Abschnitt 1 f.).

3. Ich lebe allein – in einem Wohnheim oder im Betreuten Wohnen

Zur Grundsicherung im Alter und bei dauerhafter voller Erwerbsminderung gehören auch die Kosten der Wohnung oder Unterkunft – siehe dazu Kapitel 4. Wenn Sie in einem Wohnheim für Menschen mit Behinderungen oder im Betreuten Wohnen leben, werden auch dort die Wohnkosten im Rahmen der Grundsicherung finanziert – siehe dazu Kapitel 11.

Wenn Sie zusätzlich Betreuungsleistungen bekommen, sind das Leistungen der Eingliederungshilfe, die zusätzlich bewilligt werden.

4. Welche Leistungen der Eingliederungshilfe gibt es?

Die Eingliederungshilfe ist im Sozialgesetzbuch 12 geregelt und besteht aus verschiedenen Leistungen. Was Sie im Einzelnen brauchen, hängt davon ab, wie und wie schwer Sie behindert sind. Sehen Sie hier die wichtigsten Leistungen und einige Beispiele:

- Hilfen zum **Besuch einer Schule**.
  Hierzu zählen insbesondere Schulen für Menschen, die gehörlos oder blind oder in anderer Weise behindert sind. Dazu gehören auch Hilfen, damit behinderte Menschen auf eine ganz normale Schule gehen können – etwa ein persönlicher Assistent oder Vorleser für blinde Schüler.
- Hilfen, damit Sie einen **Beruf erlernen** oder studieren können.
  Hier geht es um eine geeignete Ausbildungsstätte – etwa ein Berufsbildungswerk. Wie beim Schulbesuch gehört auch die persönliche Unterstützung (Assistenz) bei der Ausbildung oder beim Studium dazu.
- Hilfen zur **Ausbildung** für eine andere Arbeit. Die bekommen Sie, wenn eine ganze Berufsausbildung für Sie nicht möglich ist.
- Hilfen zur **Beschäftigung in einer Werkstatt für behinderte Menschen** oder in einer ähnlichen Einrichtung. Die erhalten Sie, wenn Sie wegen Ihrer Behinderung nicht auf dem allgemeinen Arbeitsmarkt arbeiten können.
- Andere Hilfen, damit Sie mit Ihrer Behinderung möglichst normal leben können. Sie heißen auch: Hilfen zur **Teilhabe am Leben in der Gemeinschaft**. Beispiele dafür sind Betreuungsdienste, Fahrdienste, Erholungsmaßnahmen.

Die aufgezählten Leistungen sind Sachleistungen. Wenn Sie ein **persönliches Budget** haben, können Sie Eingliederungshilfe als Geldleistung bekommen – der Betrag hängt von Ihrem Bedarf ab. Dafür kaufen Sie sich die Leistungen, die Sie brauchen. Nähere Informationen finden Sie unter www.budget.paritaet.org.

BERATUNG: Lassen Sie sich vom Sozialamt beraten. Fragen Sie auch bei den verschiedenen Selbsthilfeorganisationen und den Wohlfahrtsverbänden nach Angeboten, die für Sie passen.

Kapitel 10: Grundsicherung, wenn ich krank oder pflegebedürftig bin

Wenn Sie Grundsicherung bekommen und krank sind, zahlt Ihre Krankenkasse für die notwendigen Untersuchungen und die Behandlung. Sind Sie pflegebedürftig, müssen Sie einen Antrag auf Pflegeleistungen stellen. Sie erhalten dann von Ihrer Pflegekasse einen Bescheid. Wenn die Leistungen der Pflegekasse nicht ausreichen, haben Sie einen Anspruch auf ergänzende Hilfe zur Pflege vom Sozialamt (genauere Informationen hierzu finden Sie in der Broschüre „Pflegebedürftig – Was tun?" im Verlag C.H. Beck).

Die **Grundsicherung wird bei Krankheit und Pflegebedürftigkeit weiter gezahlt**, auch wenn Sie in einem Pflegeheim wohnen – siehe Kapitel 11.

1. Im Krankenhaus

Rechtsgrundlage: §27a Absatz 4 SGB 12

Auch solange Sie im Krankenhaus oder in einer Reha-Klinik sind, wird die Grundsicherung weiter gezahlt. Bleiben Sie allerdings länger als vier Wochen im Krankenhaus, wird der Regelbedarf (siehe Kapitel 3) meistens gekürzt – um etwa ein Drittel, also um 130 bis 145 € pro Monat. Weil Sie im Krankenhaus Essen und Trinken bekommen, wird Ihnen dieser Betrag vom Regelbedarf abgezogen.

ACHTUNG: Wenn Sie das Krankenhaus oder die Reha-Klinik verlassen, muss das Sozialamt Ihnen wieder den vollen Regelbedarf auszahlen. Der steht Ihnen für den ganzen Monat zu, auch wenn Sie erst später im Monat aus dem Krankenhaus entlassen werden. Darauf sollten Sie achten.

Die Kosten für Ihre Wohnung müssen natürlich weiter übernommen werden – Sie behalten ja Ihre Wohnung, wenn Sie im Krankenhaus sind.

2. Muss ich bei medizinischen Leistungen etwas zuzahlen?

Rechtsgrundlage: §§61, 62 SGB 5

Ja – denn Sie sind von den Zuzahlungen nicht befreit, wenn Sie Grundsicherung erhalten.

Sie müssen höchstens bis zur **Belastungsgrenze** zuzahlen. Die liegt bei 2 % des Regelbedarfes, also 8,08 € monatlich, das sind 96,96 € im Jahr. Sind Sie chronisch krank und müssen laufend behandelt werden, dann liegt die Belastungsgrenze bei 1 % des Regelbedarfes (48,48 € im Jahr).

Sobald Sie mit Ihren Zuzahlungen diese Belastungsgrenze erreicht haben, müssen Sie im laufenden Jahr nichts weiter zuzahlen. Das bescheinigt Ihnen Ihre Krankenkasse auf Antrag, wenn Sie dort die Belege über alle Ihre bisherigen Zuzahlungen vorlegen. Diese Bescheinigung über Zuzahlungsbefreiung zeigen Sie in der Apotheke usw. vor – überall dort, wo Sie sonst zuzahlen müssten. Es wird für jedes Kalenderjahr neu errechnet, ob Sie mit Ihren Zuzahlungen die Belastungsgrenze erreicht haben.

TIPP: Sammeln Sie alle Belege über Zuzahlungen. So können Sie verhindern, dass Sie unnötig viel zuzahlen. Und – prüfen Sie mit Ihrem Arzt, ob für Sie die niedrigere Belastungsgrenze von 1 % des Regelbedarfs gilt.

Wenn Sie in einem Heim leben, überweist das Sozialamt am Jahresanfang Ihre Zuzahlung für das ganze Jahr (48,48 € oder 96,96 €) an die Krankenkasse. Pro Monat zieht das Sozialamt dann ein Zwölftel dieses Betrags (4,04 € oder 8,08 €) von Ihrer Grundsicherung ab.

3. Leistungen bei Pflegebedürftigkeit

Rechtsgrundlage: SGB 11, §§61 bis 66 SGB 12

Auch wenn Sie pflegebedürftig sind, **erhalten Sie weiter die Grundsicherung**. Was zu beachten ist, wenn Sie in ein Pflegeheim ziehen, lesen Sie in Kapitel 11.

Die Pflegekasse gibt einen Zuschuss zu den Pflegekosten. Meistens reicht der nicht, um die Pflege ganz zu bezahlen. Dann können Sie beim Sozialamt einen Antrag auf **Hilfe zur Pflege** stellen – als Ergänzung. Hierfür werden Ihr Einkommen und Vermögen angerechnet. Wenn Sie Grundsicherung bekommen, haben Sie in jedem Fall einen Anspruch auf Hilfe zur

Pflege – denn auch Grundsicherung erhalten Sie nur, wenn Sie wenig Einkommen und Vermögen haben.

ACHTUNG: Da Ihre Kinder unterhaltspflichtig sind, müssen diese unter Umständen einen Teil Ihrer Pflegekosten bezahlen – auch wenn deren Einkommen unter 100.000 € im Jahr liegt. Näheres hierzu erfahren Sie in der Broschüre „Pflegebedürftig – Was tun?", die auch im Verlag C.H. Beck erschienen ist.

4. Hilfe, um den Haushalt weiterzuführen

Rechtsgrundlage: § 70 SGB 12

Wenn Sie Grundsicherung bekommen und manche Arbeiten im Haushalt nicht mehr selbst schaffen, können Sie dafür Hilfe vom Sozialamt bekommen. Ein Beispiel: Sie können nicht mehr auf eine Leiter steigen, um Fenster zu putzen oder Gardinen aufzuhängen. Sie können einen Antrag für die Kosten einer Haushaltshilfe stellen – das gilt auch, wenn Sie noch nicht pflegebedürftig sind.

Kapitel 11: Grundsicherung, wenn ich im Heim lebe

1. Grundsicherung im Heim

Rechtsgrundlage: §42 SGB 12

Für Ihren Anspruch auf Grundsicherung ist es egal, wo Sie leben – Sie bekommen sie also auch im Altenheim, Pflegeheim oder einem Wohnheim für Menschen mit Behinderungen.

Wie zu Hause erhalten Sie die Regelleistungen (siehe Kapitel 3). Für die Wohnungskosten – vergleichbar mit der Miete – erhalten Sie eine Pauschale. Die richtet sich nach dem Durchschnitt der Wohnungskosten im Bereich Ihres Sozialamtes.

Zusätzlich können Sie Eingliederungshilfe (siehe Kapitel 9) oder Hilfe zur Pflege (siehe Kapitel 10) bekommen.

Wenn Sie im Heim keine eigene Küche oder Kochgelegenheit haben, versorgt das Heim Sie mit Essen und Trinken. In diesem Fall bekommen Sie nicht den vollen Regelbedarf. Um wie viel er gekürzt wird, hängt davon ab, welche Leistungen Sie im Heim erhalten: Essen, Trinken, Strom, Warmwasser. Zu den Leistungen eines Heimes gehört es auch, Ihnen einen Internetzugang zu ermöglichen.

In jedem Fall verbleibt Ihnen für persönliche Ausgaben ein sogenanntes **Taschengeld** in Höhe von 109,08 € im Monat. Zusätzlich können Sie **Bekleidung** beantragen.

2. Mein Partner zieht ins Heim – wie geht es weiter?

Manche Paare entscheiden sich dafür, nicht gemeinsam ins Heim zu ziehen, wenn einer von ihnen sehr pflegebedürftig wird. Auch wenn ein Partner ins Heim umzieht und der andere zuhause wohnen bleibt, sind beide weiter eine Einsatzgemeinschaft (siehe Kapitel 8). Das heißt: Das Einkommen und Vermögen beider Partner wird weiter auf die Grundsicherung angerechnet. Dabei gibt es einige Besonderheiten.

Zum einen muss der Lebensunterhalt des Partners gesichert werden, der weiter in der bisherigen Wohnung lebt. Sein Bedarf ist also mindestens so hoch wie für eine alleinstehende Person (siehe unten, Beispiel).

Zum anderen ist der Bedarf des Partners im Heim jetzt deutlich höher. Er muss sein Einkommen zunächst dafür verwenden, diesen Bedarf zu decken.

BEISPIEL (siehe Beispiel aus Kapitel 8)

Die Eheleute Wolf lebten bisher zusammen in einer Wohnung (Kaltmiete 470 €, Heizkosten 50 €; insgesamt 520 €). Herr Wolf bekommt eine monatliche Altersrente (858,56 €), die Altersrente von Frau Wolf beträgt 190 €. Herr Wolf ist pflegebedürftig und hat einen Schwerbehindertenausweis mit dem Merkzeichen G. Er ist jetzt ins Pflegeheim gezogen, Frau Wolf bleibt in der Wohnung. So berechnet das Sozialamt die Grundsicherung von Frau Wolf:

Bedarf Frau Wolf (in der Wohnung)		
Regelbedarf für eine Alleinstehende	404,00 €	
Kosten für Wohnen und Heizung	520,00 €	
Bedarf insgesamt	924,00 €	924,00 €
Einkommen Frau Wolf		
Altersrente	190,00 €	– 190,00 €
Anspruch auf Grundsicherung		**734,00 €**

Da die Wohnung des Ehepaars Wolf jetzt nur noch von einer Person bewohnt wird, kann es sein, dass jetzt die Miete unangemessen hoch ist. Das Sozialamt übernimmt sie deshalb in dieser Höhe nur für eine Übergangszeit – siehe Kapitel 4 Abschnitt 1.

Herr Wolf lebt jetzt in einem Pflegeheim und bekommt Leistungen der Pflegeversicherung. Um die restlichen Heimkosten zu bezahlen, braucht er seine gesamte Altersrente. Deshalb wird sein Einkommen bei seiner Frau nicht mehr angerechnet – siehe Kapitel 8 Abschnitt 2. Wenn die Leistungen der Pflegeversicherung und seine Altersrente nicht ausreichen, um die Heimkosten zu bezahlen, bekommt er selbst Leistungen vom Sozialamt: Grundsicherung und zusätzlich Hilfe zur Pflege. Die Berechnung und der Bescheid sind ziemlich kompliziert. Lassen Sie sich in so einem Fall beraten.

Kapitel 12: Was kann ich tun, wenn ich mit einer Entscheidung nicht einverstanden bin?

1. Widerspruch einlegen

Wenn Sie mit Ihrem Bescheid nicht einverstanden sind, können Sie **Widerspruch einlegen**. Sie finden im Bescheid am Schluss eine Rechtsbehelfsbelehrung. Dort steht auch, an welches Sozialamt Sie den Widerspruch richten müssen.

Ihr Widerspruch muss **innerhalb eines Monats** bei der Behörde ankommen. Die Frist beginnt an dem Tag, an dem der Bescheid in Ihrem Briefkasten eingegangen ist. Fehlt die Rechtsbehelfsbelehrung oder ist sie falsch oder unvollständig, beträgt die Frist für einen Widerspruch ein Jahr.

Sie können den Widerspruch zunächst ohne **Begründung** einlegen. Eine schriftliche Begründung sollten Sie aber nachreichen. Machen Sie deutlich, was Sie in dem Bescheid falsch finden.

In der Regel wird Grundsicherung im Alter und bei dauerhafter voller Erwerbsminderung für ein Jahr bewilligt – Sie bekommen also jedes Jahr einen neuen Bescheid. Wenn Sie einen Fehler finden und Widerspruch einlegen, müssen Sie darauf achten, ob der nächste Bescheid noch den gleichen Fehler enthält. In diesem Fall müssen Sie auch gegen den neuen Bescheid Widerspruch einlegen. Das Widerspruchsverfahren befasst sich nämlich **nicht automatisch** auch mit dem nächsten Bescheid.

In einer Einsatzgemeinschaft wirkt sich ein Fehler in der Berechnung meistens auf alle Personen aus. Deshalb **muss jede Person Widerspruch einlegen**. Dafür reicht ein gemeinsames Schreiben, das alle unterschreiben.

Das **Widerspruchsverfahren** ist **kostenlos**. Kosten für einen Anwalt erhalten Sie nur zurück, wenn Sie mit dem Widerspruch Recht bekommen und wenn es um besonders schwierige Fragen ging.

2. Überprüfungsantrag stellen

Wenn die Widerspruchsfrist schon abgelaufen ist und Sie erst später einen Fehler entdecken, können Sie noch einen Überprüfungsantrag stellen. Das Sozialamt muss den Bescheid berichtigen, wenn Sie nicht richtig behandelt wurden. Das gilt aber nur dann, wenn Sie in Ihrem Antrag alles richtig angegeben haben – wenn Sie selbst also unschuldig sind an dem Fehler im Bescheid. Der Bescheid wird nur für ein Jahr rückwirkend berichtigt.

3. Klagen vor dem Sozialgericht

Wenn Sie auch den Widerspruchsbescheid falsch finden, können Sie **Klage vor dem Sozialgericht** erheben. Für eine solche Klage gelten die gleichen Regeln wie für den Widerspruch. Auch hier muss jede Person der Einsatzgemeinschaft für sich klagen. Das zuständige Sozialgericht finden Sie in der Rechtsbehelfsbelehrung des Widerspruchsbescheids.

Sie müssen **keine Gerichtskosten** bezahlen und keinen Anwalt nehmen. Sie können die Klage selbst schriftlich einreichen. Oder Sie lassen sie direkt beim Sozialgericht aufschreiben – das heißt, Sie geben Ihre Klage dort zu Protokoll.

Anwaltskosten bekommen Sie nur dann zurück, wenn Sie den Prozess vor dem Sozialgericht gewonnen haben. Wenn Sie einen Anwalt nehmen wollen, können Sie beim Sozialgericht **Prozesskostenhilfe** beantragen. Mit Prozesskostenhilfe werden Ihre Anwaltskosten auch dann erstattet, wenn Sie die Klage verlieren. Prozesskostenhilfe muss bewilligt werden,

- wenn Sie kein Geld für einen Anwalt haben
- **und** wenn Sie Aussicht haben, die Klage zu gewinnen.

4. Klagen vor dem Landessozialgericht oder dem Bundessozialgericht

Wenn Sie vor dem Sozialgericht nicht Recht bekommen, können Sie **Berufung an das Landessozialgericht** einlegen. Das geht allerdings nur, wenn nach dem Urteil des Sozialgerichts die Berufung möglich ist. Ist die Berufung nicht möglich, können Sie eine Nichtzulassungsbeschwerde an das Landessozialgericht schreiben. Diese Beschwerde muss innerhalb eines Monats beim Landessozialgericht ankommen. Die Frist beginnt mit dem Tag, an dem das Urteil des Sozialgerichtes in Ihrem Briefkasten eingegangen ist.

Grundsätzlich können Sie sich auch gegen ein Urteil des Landessozialgerichtes wehren. Sie können **Re-**

vision an das Bundessozialgericht einlegen. Dafür müssen Sie sich vertreten lassen – durch einen Anwalt oder eine Organisation, die beim Bundessozialgericht zugelassen ist.

5. Antrag auf einstweiligen Rechtsschutz stellen

Diese normalen Verfahren dauern recht lange. Wenn Sie in Not sind und schnell Hilfe brauchen, können Sie sich direkt an das Sozialgericht wenden – etwa wenn Sie nichts mehr bezahlen können oder Ihre Wohnung verlieren. Sie können direkt beim Sozialgericht einen Antrag auf **einstweilige Anordnung** stellen, damit Ihr Problem erst einmal geregelt wird.

Sie sollten daneben aber auch mit dem normalen Verfahren beginnen – also Widerspruch einlegen und vor dem Sozialgericht klagen.

6. Informationen über Gerichtsurteile

Inzwischen stehen viele Entscheidungen der Sozialgerichte auch im Internet. Hier finden Sie ähnliche Fälle:

www.bundessozialgericht.de

www.sozialgerichtsbarkeit.de

Kapitel 13: Bekomme ich neben der Grundsicherung weitere Vergünstigungen?

1. Wohngeld

Die Kosten für das Wohnen sind in der Grundsicherung komplett enthalten – jedenfalls wenn sie angemessen sind. Daher bekommen Sie kein **Wohngeld**, wenn Sie Grundsicherung erhalten. Sie haben aber vielleicht Anspruch auf Wohngeld, wenn das Sozialamt Ihnen **keine Grundsicherung** bewilligt – etwa weil Sie zu viel Vermögen haben. Das sollten Sie prüfen. Einen Antrag auf Wohngeld stellen Sie beim Wohngeldamt.

2. Befreiung von den Fernseh- und Rundfunkgebühren

Wenn Sie Grundsicherung erhalten, können Sie kostenlos Fernsehen und Radio hören. Allerdings müssen Sie dafür einen **Antrag auf Gebührenbefreiung** bei Ihrem regionalen Sender stellen. Zusammen mit dem Antrag müssen Sie eine Kopie Ihres Bescheides über Grundsicherung einreichen.

3. Geringerer Grundpreis für das Telefonieren

Einige Telefongesellschaften bieten einen sogenannten Sozialtarif an. Das bedeutet meistens: Wer Grundsicherung bekommt, muss einen geringeren Grundpreis zahlen. Manchmal gibt es auch einige freie Gesprächseinheiten. Fragen Sie bei Ihrer Telefongesellschaft danach.

4. Schwerbehindertenausweis

Viele öffentliche Institutionen wie Theater oder Museen bieten Seniorenrabatte an. Manche Ermäßigungen bekommen Sie nur, wenn Sie einen Schwerbehindertenausweis haben. Den stellt Ihnen das **Versorgungsamt** aus, wenn Sie eine Behinderung mit einem Grad von wenigstens 50 % haben.

Als anerkannter Schwerbehinderter dürfen Sie kostenlos mit öffentlichen Verkehrsmitteln fahren, wenn Sie sich wegen Ihrer Behinderung nur sehr schlecht fortbewegen können. Außerdem müssen Sie **weniger Steuern zahlen**, wenn Sie schwerbehindert sind.

BERATUNG: Lassen Sie sich hierzu beim Versorgungsamt beraten. Es ist zuständig für Fragen zur Schwerbehinderung und stellt den Schwerbehindertenausweis aus.

Einen ersten Überblick zum Thema Schwerbehinderung bekommen Sie hier:

www.familienratgeber.de/schwerbehinderung/

5. Kosten für die eigene Bestattung

Die meisten Menschen möchten sich darauf verlassen können, dass sie später eine würdige Bestattung haben. Viele legen daher zu Lebzeiten einen Teil ihres Vermögens dafür beiseite – vergleiche Kapitel 6 Abschnitt 4.

Es kann aber sein, dass das eigene Vermögen für eine würdige Bestattung nicht ausreicht. Wenn auch die nächsten Verwandten hierfür kein Geld haben, **muss das Sozialamt die notwendigen Kosten für die Bestattung übernehmen**. Es hat in jedem Einzelfall zu prüfen, ob die Kosten hierfür angemessen sind. Eine pauschale Begrenzung der Kosten ist nicht zulässig.

6. Nothelfer – solange das Sozialamt nicht entschieden hat

Manchmal dauert es einige Zeit, bis das Sozialamt über die Bewilligung von Grundsicherung entschieden hat. Vielleicht haben Sie für diese Zeit einen sogenannten Nothelfer – jemanden, der Ihnen Geld zum Leben gibt. Dieser Nothelfer kann seine Ausgaben vom Sozialamt zurück verlangen. Er muss deutlich machen, dass er Ihnen das Geld nicht schenken wollte.

Kapitel 14: Wo kann ich mich beraten lassen?

Das **Sozialamt** ist verpflichtet, Sie über die Grundsicherung im Alter und bei voller Erwerbsminderung zu beraten. Auch die **Rentenversicherung** muss Sie beraten.

Darüber hinaus erhalten Sie Informationen bei den Wohlfahrtsverbänden

Der Paritätische	www.paritaet.org
Arbeiterwohlfahrt	www.awo.org
Caritasverband	www.caritas.de
Diakonie	www.diakonie.de
Rotes Kreuz	www.drk.de

und auch bei den beiden großen Sozialverbänden

Sozialverband Deutschland	www.sovd.de
Sozialverband VdK	www.vdk.de.

Stichwortverzeichnis